AVIS. — Cette pièce ne sera pas reproduite dans les publicat...

THÉATRE DES FOLIES-DRAMATIQUES.

LES AIDES DE CAMP
DU GÉNÉRAL

COMÉDIE-VAUDEVILLE EN TROIS ACTES

Par MM. CORMON et Eugène GRANGÉ

Représentée, pour la première fois, à Paris, sur le théâtre des Folies-Dramatiques,
le 9 août 1853.

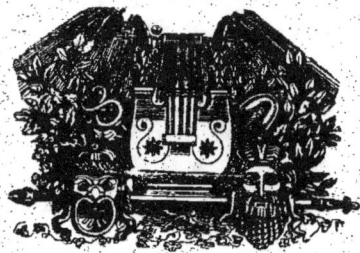

PRIX : 60 CENTIMES.

Paris
BECK, LIBRAIRE, RUE DES GRANDS-AUGUSTINS, 20.

—

1853

AVIS. — Nulle traduction de cet ouvrage ne pourra être faite sans l'autorisation expresse et par écrit des auteurs, qui se réservent en outre tous les droits stipulés dans les conventions intervenues ou à intervenir entre la France et les pays étrangers, en matière de propriété littéraire.

LES AIDES DE CAMP
DU GÉNÉRAL

COMÉDIE - VAUDEVILLE EN TROIS ACTES,

Par MM. CORMON et Eugène GRANGÉ,

Représentée, pour la première fois, à Paris, sur le théâtre des FOLIES-DRAMATIQUES, le 9 Août 1853.

PERSONNAGES.	ACTEURS.
LE GÉNÉRAL BOUCHENOT............................	MM. Christian.
MAURICE DE VERMONT, son aide de camp............	Alfred Saverny.
PAUL D'ESGRIGNY, idem.............................	Jules Bazin.
POUSSEPAIN, domestique du général................	Arnold.
MARTIN, vieux portier...............................	France.
UN DOMESTIQUE....................................	Desquels.
URSULE DE LA MORLIÈRE...........................	Mmes Pélagie Colbrun.
SOPHIE, sa nièce...................................	Jane-Esler.
ZOÉ, idem...	Pauline Jarry.
UNE FEMME DE CHAMBRE..........................	Élise.
Invités..	

La scène est à Paris au premier acte, et aux deuxième et troisième, à Auteuil, de nos jours.

ACTE PREMIER.

Une chambre très-simple servant de salon ; ameublement vieux, entrée principale au fond, donnant sur une petite antichambre. Deux portes latérales.

SCÈNE PREMIÈRE.
URSULE, SOPHIE, MARTIN.

(*Au lever du rideau, Ursule et Sophie sont assises devant des métiers ; elles font de la tapisserie.*)

MARTIN, *un balai et un plumeau à la main, sortant de la chambre à gauche.* V'là qui est fait, Mam'selle, les deux chambres sont frottées, les carreaux lavés, tout est en ordre.

URSULE. C'est bien, père Martin. Je vous recommanderai aux personnes qui viendront pour louer. A propos, vous n'avez pas oublié de mettre l'écriteau ?

MARTIN. Je l'ai accroché à c' matin en ouvrant la porte cochère. Mais c'est bien drôle que Mam'selle s'*ostine* à louer son appartement pour monter au *cintième* dans des petites chambres mansardées.

URSULE. Nous aurons de l'air... une vue superbe !.. J'aime beaucoup la vue.

MARTIN. La vue des toits ?

URSULE. Nous aurons aussi un meilleur jour.

MARTIN. Le fait est que quand on travaille comme vous, du matin au soir !.. Ah ! Dieu de Dieu ! en abattez-vous de c' t'ouvrage !

URSULE. Oui, nous sommes un peu pressées... ce sont des cadeaux que nous préparons pour la fête d'une parente... la grand'mère de Sophie, chez qui est mon autre nièce.

MARTIN. Ah !.. oui... mam'selle Zoé ! (*A part.*) Des cadeaux !.. si elle croit que je gobe ça ! (*Après un temps.*) Mam'selle n'a plus rien à me commander ?

URSULE. Non, père Martin.

MARTIN. Pour lors, je vais balayer mes escaliers... et je préviendrai Mam'selle s'il vient des amateurs. (Il sort.)

SCÈNE II.
SOPHIE, URSULE.

SOPHIE, se levant. Ma bonne tante, que de peine vous prenez pour cacher notre position !

URSULE, avec importance. Ma nièce, quand on s'appelle de La Morlière, il faut sauver les apparences et maintenir son nom à l'abri de toute humiliation.

SOPHIE. Mais il faudrait aussi ne pas compromettre votre santé par un excès de travail, comme vous le faites.

URSULE, se levant. Ne veux-tu pas que je te laisse toute la peine?.. tu n'es pas déjà si forte, je le disais à mon frère, lorsqu'il y a trois ans il a voulu nous emmener avec lui en Afrique. « Sophie est « délicate, tu verras, capitaine, que le climat lui « fera du mal! » Mais le cher homme ne pouvait pas se décider à quitter ses deux enfants.

SOPHIE. C'était bien assez de laisser en France ma jeune sœur.

URSULE. Il semblait prévoir, qu'en se séparant d'elle, il ne la reverrait jamais!

SOPHIE, tristement. Pauvre père !..

Air de A. Maillart.

Loin du pays, une croix isolée
De sa valeur seule encor parlera,
Sur sa tombe exilée
Nul ami ne veillera.
Jamais, hélas! dernier bonheur,
A cette froide pierre,
Jamais une fille, une sœur,
N'ira donner une prière,
Une humble fleur!

(Ursule essuie ses yeux et va reprendre son ouvrage, tandis que Sophie retire le sien du métier et le plie.)

URSULE. Allons, Sophie, pense à t'habiller.

SOPHIE. Oui, ma tante.

URSULE. Il faut que nous reportions notre ouvrage et celui de ta sœur... Pauvre petite, elle nous a envoyé un paquet énorme.

SOPHIE, qui, pendant ce temps a pris une lettre dans le paquet. Tiens, une lettre.

URSULE. Lis!

SOPHIE. « Chère Sophie, je t'envoie mon ouvrage « de la semaine ; tu verras que je deviens une ex- « cellente ouvrière, ce qui ne m'empêche pas de « chanter, de faire des châteaux en Espagne, de « rêver qu'un jour nous aurons des maris très-ai- « mables, très-riches, et qui nous aideront à faire « le bonheur de tante Ursule. En attendant, je « l'embrasse, ainsi que toi, sur les deux joues et « je reprends mon aiguille avec laquelle j'ai l'hon- « neur d'être : la petite Zoé. »

URSULE. Toujours la même... toujours gaie... tu devrais bien prendre exemple sur elle...

SOPHIE. Ah! si le rêve de ma sœur pouvait se réaliser... si nous pouvions vous arracher à ce travail... qui suffit à peine aux besoins de chaque jour et qui vous laisse exposée à des exigences...

URSULE. Bien légitimes!.. quand on doit il faut payer, et malheureusement, grâce à son bon cœur, le capitaine nous a laissé de cruels embarras...

SOPHIE. Mais aussi, pourquoi n'avoir pas accepté les offres de service que vous faisait cet ami de mon père, ce général dont il a sauvé la vie aux dépens de la sienne, et qui vous a écrit si souvent depuis notre retour en France ?

URSULE. Ma nièce... les La Morlière pourraient, à la rigueur, accepter d'un égal... mais d'un homme sans naissance, d'un soldat de fortune... fi donc!.. jamais!

SOPHIE. Si, du moins, le ministre de la guerre faisait droit à nos réclamations... nous voilà bien longtemps que nous attendons une réponse.

URSULE. Elle viendra, ma nièce, elle viendra... mais il est tard... hâte-toi, Sophie... (Lui prenant la main avec bonté.) Ne sois plus triste, cela afflige ta vieille tante. (Avec fierté.) Rappelle-toi que tu es une La Morlière... que le courage est une vertu de famille... et n'oublie pas de lisser tes bandeaux.

ENSEMBLE.

Air : Quittons pour la danse.

Ayons confiance
Dans notre avenir,
Et la Providence
Saura le bénir!

(Sophie entre à droite; en même temps le portier rentre par le fond.)

SCÈNE III.
URSULE, MARTIN.

MARTIN, entrant et refermant la porte derrière lui. Mam'selle, on vient pour l'appartement.

URSULE. Déjà!..

MARTIN. Je peux-t-y montrer le local ?

URSULE. Certainement... (A elle-même.) Peut-être une excellente occasion... et quand on est pressé...

MARTIN, rouvrant la porte du fond, et à la cantonade. Par ici, Messieurs, s'il vous plaît!

URSULE. Des militaires !

SCÈNE IV.
LES MÊMES, PAUL ET MAURICE.

(Ils s'arrêtent à la vue d'Ursule et ils saluent.)

MAURICE. Nous vous dérangeons peut-être, Madame?

ACTE I, SCÈNE V.

MARTIN, *bas*. Mademoiselle!
URSULE. Quand on met un écriteau, il faut bien recevoir les personnes qui se présentent.
PAUL. On nous a annoncé deux chambres séparées...
URSULE. Par un petit salon... que voici... Martin, voulez-vous montrer cette chambre à ces messieurs. (*Elle indique la gauche.*)
MARTIN. Oui, Mam'selle. (*Bas, à Maurice, et à Paul.*) C'est une demoiselle...
PAUL, *de même*. Ah!.. elle paraît fort respectable!..
MARTIN, *ouvrant la porte*. Chambre à feu, parquetée, donnant sur la rue... en face du bec de gaz!
PAUL. Ah! ah!.. position.... économique. (*Il entre dans la chambre, précédé par Martin. Maurice regarde par la porte.*)
URSULE, *à part*. Des officiers... des jeunes gens!.. sous le même toit... dans le même escalier que ma nièce...
PAUL, *rentrant*. C'est très-bien!.. n'est-ce pas, Maurice?..
MAURICE. Je le crois... et si l'autre chambre...
URSULE. Elle est exactement semblable...
MARTIN. Chambre à feu... parquetée, la vue sur les jardins... on entend chanter le rossignol.
PAUL. Encore un avantage!..
URSULE. Pardon, Monsieur, cette chambre est habitée par ma nièce... et comme en ce moment elle est à sa toilette...
MAURICE. Nous serions désolés de la déranger...
PAUL. Oh! d'abord, nous ne sommes pas très-difficiles...
MAURICE. Quand on arrive d'Afrique...
PAUL. Et qu'on a eu le désert pour salon et pour chambre à coucher...
MAURICE. Nous serons très-bien ici...
PAUL. Tout près de notre général...
MAURICE. Et si le prix n'est pas trop élevé...
URSULE. Je vous avouerai, Messieurs, que je n'avais pas songé à louer à des officiers...
PAUL, *souriant*. Oui... oui... je comprends... l'épaulette fait peur à Mademoiselle...
URSULE. La maison est si tranquille...
PAUL. Oh! d'abord, je vous donne mon ami pour l'officier le plus mélancolique, le plus timide... une vraie demoiselle... Et quant à moi,... comme je n'aurais que mon éloge à faire... vous me permettrez de garder le silence!
URSULE. Ce que l'on désire avant tout, c'est d'avoir pour locataires des personnes comme il faut... et je ne doute pas... Messieurs?..
PAUL, *donnant sa carte*. Paul d'Esgrigny.
MAURICE, *donnant la sienne*. Maurice de Vermont.
URSULE, *à part, avec satisfaction*. Des jeunes gens nobles!
PAUL. Tous deux lieutenants d'état-major.
MAURICE. Et aides de camp du général Bouchenot.
URSULE. Ah!..
MAURICE. Vous serait-il connu?
URSULE, *avec un peu d'embarras*. J'ai entendu quelquefois citer son nom.
PAUL. Un brave militaire...
MAURICE. Un cœur d'or!..
PAUL. Il a bien ses mauvais moments, comme tout le monde... mais quand on est en campagne, c'est le Bédouin qui paie...
MAURICE. Enfin, pour nous, c'est un ami... un père!..
PAUL. Et il n'est pas un officier servant sous ses ordres qui ne se fit tuer pour lui!
URSULE, *s'efforçant de cacher son émotion*. C'est bien... Messieurs... c'est très-bien... et je crois que nous pourrons nous entendre... ce sera cent francs par mois!
PAUL, *à Maurice*. Ça te va?..
MAURICE. Très-bien...
PAUL. Si Mademoiselle le désire, nous paierons d'avance).
URSULE. Comme vous voudrez, Messieurs... Cela m'est indifférent... Cependant j'accepte, puisque c'est l'usage... (*A part.*) Comme c'est heureux d'avoir loué si vite!
MAURICE, *lui remettant l'argent*. Voici, Mademoiselle.
PAUL, *à Martin*. Et voilà pour arroser le gosier du rossignol.
URSULE. Si vous voulez attendre un moment, Messieurs, je vais vous apporter le reçu et la location. (*Elle entre à gauche.*)
MARTIN, *sortant et regardant son argent*. C'est des gentil jeune homme!

SCÈNE V.

PAUL, MAURICE.

PAUL. Ah! nous voilà casés... Du premier coup... quelle chance!
MAURICE, *posant son porte-manteau*. Qu'as-tu donc pour être si pressé?
PAUL. Mon bon Maurice, toi qui es toujours s complaisant, tu te chargeras de faire apporter mes effets avec les tiens, n'est-ce pas?
MAURICE. Volontiers.
PAUL. Car moi, je n'aurais pas le temps, il faut que je coure à Versailles.
MAURICE. Allons, bien! A peine arrivé, te voilà déjà par voie et par chemin, à la première folie qui te passe par la tête.
PAUL. Merci!.. Tu appelles folie une passion qui date de Saint-Cyr, qui a résisté à deux ans d'absence, au soleil d'Afrique, et aux yeux des Algériennes.

MAURICE. Et si le général te fait demander?..
Te voilà aux arrêts, net.
PAUL. C'est plus fort que moi... je ne tiens pas en place...
MAURICE. Tu es incorrigible!
PAUL. Ah! mon ami, si tu la connaissais... si tu savais comme elle est jolie, vive, spirituelle... un vrai lutin!.. Et pourtant, je ne sache pas qu'il y ait au monde une jeune fille plus simple, plus candide!.. Cette petite croix d'or que je t'ai montrée si souvent et qui ne m'a jamais quitté, elle ne me l'a pas donnée... non... je la lui ai prise, arrachée presque, au moment de mon départ... Il est vrai que j'ai offert de la lui rendre et que pour toute réponse, elle m'a tendu la main... la plus ravissante petite main!.. Enfin, j'étais si heureux que j'en ai eu comme un accès de folie!
MAURICE. Qui dure encore, à ce que je vois!
PAUL. Aussi, j'ai cru que j'embrasserais le général, quand il nous a annoncé qu'il allait à Paris et que nous serions du voyage!.. Ah! parbleu!.. tu ne comprends pas ça, toi, l'homme sérieux, l'homme grave, qui n'a d'amour que pour le service et de passion que pour le Manuel de l'officier.
MAURICE. Qui sait!.. le cœur le plus froid en apparence n'est pas toujours le moins sensible.
PAUL, étonné. Ah! bah!.. monsieur Maurice avait aussi son souvenir de France?
MAURICE. De France?.. non!.. (Confidentiellement.) Mais un souvenir d'Afrique!..
PAUL. Voyez-vous le sournois!.. il ne m'avait pas dit ça... sans doute, une passion platonique... un amour de roman pour la fille de quelque aga, une belle Arabe qui aura soulevé pour toi le coin de son voile!
MAURICE. Rien de tout cela, mauvais plaisant! celle que j'aime est Française....
PAUL. Vraiment!
MAURICE. Et ce qui va t'étonner bien davantage, c'est que je l'ai vue une seule fois, pendant quelques instants à peine, que j'ignore son nom, que je ne la reverrai sans doute jamais et que pourtant je l'aimerai toute ma vie!
PAUL. Dis donc!.. toi qui me traitais de fou!..
MAURICE. Eh bien! oui... c'est possible, je le suis autant que toi... mais, au moins, ma folie ne m'entraîne pas à Versailles... quand mon général peut me faire appeler auprès de lui à tout moment!
PAUL. Le grand mérite!.. quand on ne sait plus où retrouver sa belle!.. Mais si tu pouvais te dire, comme moi... dans une heure, je la verrai... Je saurai si elle m'aime encore!.. le diable m'emporte si tu ne braverais pas tous les arrêts du monde, beau faiseur de morale!
MAURICE. Allons, tais-toi!

SCÈNE VI.

LES MÊMES, URSULE.

URSULE, un papier à la main. Voici, Messieurs.
MAURICE. Mille remerciments, Madame. (Il met le reçu dans sa poche sans le lire.)
URSULE. Vous pouvez, dès à présent, disposer de cette chambre... l'autre sera libre dans une heure...
MAURICE. Je vais m'occuper de faire apporter notre bagage... et, en attendant, je vous demanderai la permission de laisser ici cette valise...
URSULE. Tout ce que vous voudrez, Monsieur.

ENSEMBLE.
Air du *Chevalier du Guet.*
MAURICE ET PAUL.
De vos deux locataires,
Bientôt, vous le verrez,
Quoiqu'ils soient militaires,
Vous vous applaudirez!
URSULE.
Mes nouveaux locataires
Sont, vraiment, à mon gré,
Et, quoique militaires,
Je m'en applaudirai!

(*Maurice et Paul sortent.*)

SCÈNE VII.

URSULE, SOPHIE.

SOPHIE, entrant, avec son chapeau à la main. Me voici prête à partir, ma tante.
URSULE. Eh bien... notre appartement est loué.
SOPHIE. Vraiment?
URSULE. A deux jeunes officiers qui m'ont payée d'avance. Tiens, regarde... (*Elle lui montre l'argent.*) Tu vois que la Providence nous vient en aide!
SOPHIE. Oh! oui, sans doute... c'est fort heureux... mais j'ai bien peur...
URSULE. Peur... de quoi?
SOPHIE. Que nous ne soyons très-mal dans cette mansarde... vous, surtout, chère tante!
URSULE. Ah!.. encore!..
SOPHIE. Monter cinq étages... renoncer à toutes vos habitudes... à ce petit bien-être... dont vous avez besoin...
URSULE. Et aussi, peut-être, à ton piano... que tu aimais tant...
SOPHIE. Oh! je n'y songeais pas... mais ce sera une grande fatigue pour vous... et si vous ne vous étiez pas tant pressée... ou s'il en était temps encore... je vous conseillerais... (*En disant ces mots, elle s'est approchée de la chaise sur laquelle Maurice a déposé sa valise; elle s'arrête et regarde avec surprise.*)
URSULE. Tu me conseillerais de me dédire?..
SOPHIE, à part. Qu'ai-je vu? Ce nom!..

URSULE. Après tout, mon enfant, si cela te contrarie par trop, je pourrais parler à ces messieurs...

SOPHIE, *à part*. Lui!... lui!... ici!...

URSULE. Les prier de reprendre leur argent et de me rendre ma parole!...

SOPHIE, *vivement*. Oh!... ma tante... cela n'est plus possible!...

URSULE. Rien n'empêche d'essayer et si ça te fait bien plaisir...

SOPHIE, *avec embarras*. Hou!... hou! je vous en prie... n'en faites rien... car, après tout, je crois que vous avez agi très-sagement... et que nous ne serons pas aussi mal que je l'avais pensé d'abord...

URSULE. Cependant...

SOPHIE, *changeant la conversation*. Allons, chère tante, n'oublions pas qu'il faut reporter cet ouvrage, que je suis prête et que... (*On frappe*.)

URSULE. Ah! ce sont nos locataires, sans doute.

SOPHIE, *à part*. Oh! mon Dieu! si c'était lui... me retrouver tout à coup en sa présence... (*Ursule, pendant ce temps, est allée ouvrir*.)

SCÈNE VIII.

LES MÊMES, LE GÉNÉRAL.

LE GÉNÉRAL, *sur le seuil de la porte*. Mademoiselle Ursule de La Morlière?

URSULE. C'est moi, Monsieur.

LE GÉNÉRAL, *entrant et saluant*. Mademoiselle...

SOPHIE, *à part*. Quel est donc ce monsieur?

URSULE. Puis-je savoir à qui j'ai l'honneur de parler?

LE GÉNÉRAL. Oui, Mademoiselle, certainement, et j'espère être mieux accueilli que mes lettres ne l'ont été, si j'en juge par le silence qui leur a servi de réponse... Je suis le général Bouchenot.

SOPHIE. Le général Bouchenot... l'ami de mon père!...

LE GÉNÉRAL. Oui, Mademoiselle, l'ami du brave capitaine La Morlière, qui a laissé dans l'armée des souvenirs dont sa famille a le droit d'être fière.

URSULE. Mais asseyez-vous donc, Monsieur, je vous en prie. (*Elle fait un mouvement, Sophie la prévient et avance un fauteuil au général*.)

LE GÉNÉRAL. Merci, Mademoiselle... je vois que vous étiez au moment de sortir.

URSULE. Mais rien ne vous presse, général. (*Elle lui fait de nouveau signe de s'asseoir*.)

LE GÉNÉRAL. Après vous, Mademoiselle, après vous. (*Ursule s'assied la première, Sophie passe auprès d'elle*.)

URSULE, *à part*. Quel motif peut l'amener!

LE GÉNÉRAL, *s'asseyant à son tour*. Mademoiselle, j'arrive d'Afrique. Il y a deux ans que je guerroye au fond du désert, sans que ces damnés Arabes aient permis que l'on m'accordât un congé; mais, à la fin, ils m'ont fait perdre patience et je les ai si rudement traités à notre dernière conversation, qu'ils n'auront plus envie de causer, pour quelque temps, du moins... et me voilà.

URSULE. Je suis très-flattée, général, que, venant à Paris, vous vous soyez souvenu de la famille du capitaine.

LE GÉNÉRAL. Comment, souvenu!... C'est pour elle que je viens!

URSULE. En vérité!

LE GÉNÉRAL. Il le faut bien, puisque nous n'avons pas pu nous entendre par correspondance... Et pourtant, mes lettres renfermaient des offres assez franchement faites, pour qu'on les acceptât de même...

URSULE. Mais il me semble aussi, général, que mon silence...

LE GÉNÉRAL. Votre silence était un refus... Je l'ai bien compris... Mais je n'ai pas l'habitude de me laisser battre si facilement... et morbleu!...

URSULE, *se levant*. Général!...

LE GÉNÉRAL, *se levant aussi*. Pardon!... il m'en échappe comme ça de temps en temps... (*Passant auprès de Sophie*.) Mademoiselle, plus je vous regarde... et plus il me semble...

SOPHIE. Quoi donc, Monsieur?...

LE GÉNÉRAL, *ému*. C'est lui!... tout à fait lui!... mon pauvre capitaine!... Je crois le voir encore, se jetant, seul, comme un lion, au milieu d'une bande d'Arabes qui m'avaient enveloppé... Je me croyais perdu, je l'avoue, quand, tout à coup, la présence de votre père me ranime; je fais un effort, je me dégage et me joins à lui : « Général, me criait-il, tapez dessus... tapez ferme!... » Mais, à quoi bon?... Il faisait à lui seul toute la besogne... Sacrebleu!... quels coups de sabre!

Air : Il me faudra quitter l'empire.

Pour l'embrasser, je cours... mais, ô surprise...
Son front pâlit! ô ciel!.. il est blessé!..
— Adieu, dit-il, car ma force s'épuise,
Mon sang, déjà, dans mon cœur est glacé!..
— Ami, ce sang, pour moi, tu l'as versé!
Pour m'acquitter, parle, que puis-je faire?..
    Des deux enfants qu'il adorait,
Sa main mourante, alors, m'offre un portrait!..

SOPHIE, *parlé*. Celui de ma sœur et le mien!...

LE GÉNÉRAL, *lui montrant le médaillon*.
    Et j'ai promis à votre père
    Qu'un père encor le garderait!

A ce titre-là, Mademoiselle, vous permettrez bien, j'espère, que je vous embrasse!... (*Il embrasse Sophie avec tendresse*.)

URSULE. Mais, général, il me semble...

LE GÉNÉRAL, *à Sophie*. Ah çà, mais vous avez une sœur que je tiens à connaître, à embrasser aussi!...

URSULE, *à part, et scandalisée.* Quel genre!...
SOPHIE. Ma sœur, Monsieur, est à Versailles...
URSULE. Auprès de sa grand'mère...
LE GÉNÉRAL. Oui... je comprends... on s'est partagé les soins... les sacrifices... Je m'en doutais... Et si mon service, si une blessure ne m'avait pas retenu en Afrique, au lieu d'écrire, je serais venu moi-même depuis longtemps me mettre à votre disposition et vous offrir ma bourse. Que diable! c'est bien le moins, après ce que votre frère...
URSULE. Sans doute, général, j'apprécie le motif qui vous guide, mais nous n'avons besoin de rien, et ma fortune, quoique modeste, suffit amplement pour moi et pour mes nièces.
LE GÉNÉRAL. Mais enfin...
URSULE. Enfin... j'ai des raisons... des raisons de convenances...
LE GÉNÉRAL. Pour me refuser.
URSULE. Certainement, général, nous serons flattées de vous compter au nombre de nos amis, mais nous ne saurions devenir vos obligées.
LE GÉNÉRAL, *à part.* En voilà une vieille fille agaçante!
UNE VOIX, *en dehors.* Je vous dis que j'ai besoin de la voir...
MARTIN, *également en dehors.* Mam'selle est occupée, Mam'selle a du monde...
LA VOIX. Ça m'est égal... je ne veux pas attendre.
MARTIN. Un moment... un moment donc!
SOPHIE, *bas, à Ursule.* Oh! ma tante, ce bruit, cette querelle...
URSULE, *de même.* J'entends bien!... (*Le bruit de voix recommence plus fort, Martin entre précipitamment et referme la porte sur lui.*)

SCÈNE IX.

LES MÊMES, MARTIN.

URSULE. Qu'est-ce donc, Martin, qu'y a-t-il?
MARTIN, *embarrassé.* Pardon... excuse... Mam'selle... c'est une espèce d'individu qui vient rapport à de l'argent...
URSULE. Ah!... oui... de l'argent... que l'on m'apporte...
MARTIN. C'est-à-dire, Mademoiselle...
URSULE. Une petite dette que l'on vient acquitter!..
LE GÉNÉRAL, *à part.* Acquitter!..
URSULE. C'est bien... j'y vais... je vous suis. Vous permettez, général?
LE GÉNÉRAL. Faites... ne vous gênez pas.
URSULE, *bas, à Sophie.* Ne tremble donc pas ainsi... c'est compromettant!.. (*Elle sort, précédée par Martin qui referme la porte.*)

SCÈNE X.

LE GÉNÉRAL, SOPHIE.

LE GÉNÉRAL, *à part.* Ah! je ne suis pas fâché que la grosse cavalerie s'éloigne. (*A Sophie, en lui prenant la main.*) Voyons, mon enfant, causons un peu ensemble et d'abord, croyez que vous avez en moi un ami véritable.
SOPHIE. Oh! je le crois, Monsieur.
LE GÉNÉRAL. Votre tante me fait l'effet d'avoir des idées... des manies... Nous ferions mauvais ménage ensemble.
SOPHIE. Oh!.. Elle est bien bonne...
LE GÉNÉRAL. Parbleu!.. le cœur est excellent... mais, si elle s'imagine que je suis homme à me mettre en campagne sans connaître le terrain, elle se trompe... Que diable!.. le capitaine n'avait que son épée... et tout ce que j'ai appris, tout ce que je vois me prouve que sa famille... Enfin, comment faites-vous pour vivre?
SOPHIE. Nous travaillons.
LE GÉNÉRAL. Pauvres femmes... Un travail d'aiguille...
SOPHIE. Oh! ça ne me fatigue pas... mais c'est ma tante...
LE GÉNÉRAL. Eh bien! il faut nous entendre et la forcer d'accepter...
SOPHIE. Oh! Monsieur, je n'oserais pas, ce serait lui désobéir, la fâcher...
LE GÉNÉRAL. Il ne sera pourtant pas dit que le sœur, les filles de celui qui m'a sauvé la vie resteront en proie à la gêne, tandis que moi...
SOPHIE. Oh! nous avons un espoir... une demande adressée au ministre...
LE GÉNÉRAL. Mais, supposons que vous ayez des droits, il y a les bureaux, les formalités... et en attendant... (*Le bruit des voix, en dehors, se fait entendre de nouveau.*)
SOPHIE, *à part, et troublée.* Ah! mon Dieu!
LE GÉNÉRAL, *qui a prêté l'oreille.* En attendant... les créanciers sont là, à votre porte...
SOPHIE, *pleurant.* Ah! oui... c'est terrible... ma pauvre tante!
LE GÉNÉRAL. Et vous croyez que je peux voir ça de sang-froid!.. Non... non... sacrebleu, non!.. Tenez, mon enfant, prenez ma bourse, allez, payez, renvoyez bien vite ces gens-là, ou j'y vais moi-même et je les fais sauter par la fenêtre.
SOPHIE. Ah! gardez, Monsieur, gardez... je ne puis pas aller contre la volonté de ma tante.
LE GÉNÉRAL, *à part.* Allons!.. la nièce aussi!..

SCÈNE XI.

LES MÊMES, URSULE.

URSULE, *d'un air souriant.* Mille pardons, général, de vous avoir quitté ainsi... (*Bas, à Sophie.*)

J'ai donné tout ce que j'avais... j'ai obtenu du temps.

LE GÉNÉRAL, *se croisant les bras devant Ursule*. Ainsi, Mademoiselle, il est bien entendu que vous refusez mes offres et que vous ne voulez rien accepter de moi?..

URSULE.
Air : *Ces braves Hussards du 6ᵉ*.

Dussé-je, ici, vous paraître un peu fière,
De mon vivant, jamais, sachez-le bien,
On n'aura fait l'aumône aux La Morlière.

LE GÉNÉRAL.

Mais moi, je dis et, morbleu, je soutiens,
Oui, moi je dis, et morbleu! je soutien
Qu'à l'ami pauvre, et sans qu'il nous implore,
Tendre la main est un devoir, un droit!
Et l'on est deux qu'un tel service honore,
Celui qui donne et celui qui reçoit.

Que vous refusiez pour vous, soit; mais pour cette jeune fille, je ne comprends pas...

URSULE, *baissant la voix*. Comment, général, vous ne comprenez pas que c'est surtout pour elle!.. une jeune personne qui devrait l'aisance, le bien-être à... un étranger...

LE GÉNÉRAL. Eh bien?

URSULE. Cela pourrait donner lieu à des interprétations...

LE GÉNÉRAL. Allons donc!.. on pourrait supposer...

URSULE. Eh mon Dieu!.. le monde est toujours enclin à supposer le mal et, pour une jeune fille, la plus précieuse des richesses, c'est sa réputation!

LE GÉNÉRAL, *vivement*. Oui, sans doute, mais on ne me fera pas croire...

URSULE. Enfin, général, ma résolution est irrévocable! (*Elle retourne auprès de Sophie.*)

LE GÉNÉRAL, *à part, avec impatience*. Comment, sacrebleu!.. j'aurai fait cinq cents lieues pour me brûler la moustache... et m'en retourner, sans accomplir un devoir sacré... Eh bien! non!.. Et quand je devrais pour ça... (*Après un temps.*) Ah! je suis fou... à quoi vais-je penser?.. (*Il regarde du côté de Sophie.*)

SOPHIE, *bas, à Ursule*. J'ai peur, ma tante, que vous ne l'ayez fâché.

LE GÉNÉRAL, *à part*. Après tout cependant, il n'y aurait rien d'impossible et plutôt que de battre en retraite comme un conscrit... Essayons! (*A Sophie.*) Mademoiselle, voulez-vous me permettre de parler un moment, en particulier, avec votre tante?

SOPHIE. Oui, Monsieur, sans doute.

ENSEMBLE.
Air de *Miba*.

LE GÉNÉRAL, *à part*.

Changeant de front, avec la tante,
Sans hésiter, allons au fait.
Il faudra bien qu'elle consente
Et qu'elle approuve mon projet!

SOPHIE, *à part, en sortant*.

Pourquoi rester avec ma tante?
Pourquoi lui parler en secret?
Ah! malgré moi, je suis tremblante,
Et quel peut être son projet?

URSULE, *à part*.

Ici, quelque moyen qu'il tente,
Je dois repousser tout bienfait.
Croit-il encor que je consente,
Et quel peut être son projet?

(*Sophie sort.*)

SCÈNE XII.
URSULE, LE GÉNÉRAL.

LE GÉNÉRAL. Mademoiselle, je ne sais pas ce que c'est que de finasser... Et j'ai pour habitude d'aller droit au but! J'ai une dette à acquitter envers votre frère... une dette d'honneur! Et, ma foi, puisque le monde est si méchant que vous le dites, je manœuvrerai de façon à le faire taire.

URSULE. A mon tour, général, je ne comprends pas...

LE GÉNÉRAL. Quarante-cinq ans, de la fortune, une position brillante dans l'armée et un bon cœur, je m'en flatte, voilà mes avantages. Si ça convient à votre nièce, c'est une affaire faite.

URSULE. Comment!.. que signifie?..

LE GÉNÉRAL. Eh! par Dieu!.. ça signifie que je vous la demande en mariage... voilà!

URSULE. A première vue... sans préparation... c'est incroyable!..

LE GÉNÉRAL. Ah! il est certain que je n'y pensais guère en venant ici... et que mon mariage étonnera bien des gens... sans me compter... moi, qui me vantais de rester garçon... mais enfin, je ne vois que ce moyen d'arranger les choses...

URSULE. Il est certain qu'un mariage....

LE GÉNÉRAL. J'enrichis ma femme, je dote sa sœur, j'assure le bonheur de toute la famille et si le monde trouve encore quelque chose à dire... je lui parlerai!

URSULE. Une proposition aussi brusque, aussi imprévue..

LE GÉNÉRAL. Vous avez besoin de réfléchir, de consulter la jeune personne? Très-bien!.. Voyez-la, sondez son cœur... c'est l'affaire de trois minutes!

URSULE. Trois minutes.

LE GÉNÉRAL. Oui ou non... pas davantage!

URSULE. Mais encore faudrait-il...

LE GÉNÉRAL. Dites-lui qu'elle n'ait pas peur de moi, que je suis un bon diable... et qu'il n'y aura pas une petite femme plus choyée qu'elle dans toute l'armée.

URSULE. Je conçois... mais enfin...

LE GÉNÉRAL. Enfin... comme je ne suis à Paris qu'en passant et que, dans dix jours, je repars pour l'Afrique, il faut que ce soit une affaire décidée aujourd'hui même.

URSULE. Aujourd'hui !

LE GÉNÉRAL. Je vais vous envoyer ma voiture... Et si mon offre est acceptée, elle vous conduira à Auteuil, à ma campagne où je vous offre un pavillon... en attendant le jour de la cérémonie.

Air : *Montez donc les prévenir* (Mari qui se dérange).

LE GÉNÉRAL, *seul d'abord.*
Réfléchir est toujours sage,
Mais réfléchir promptement,
Et pour faire un mariage,
Un jour est assez, vraiment!

URSULE.
Se peut-il que l'on engage
Deux cœurs aussi promptement !
Un jour pour un mariage,
Ah ! c'est par trop peu vraiment!

REPRISE DE L'ENSEMBLE.

LE GÉNÉRAL.
Réfléchir, etc.

URSULE.
Se peut-il, etc.

(*Ursule accompagne le général jusqu'au fond, le salue et referme la porte. Pendant ce temps Sophie rentre en scène d'un air pensif.*)

SCÈNE XIII.
URSULE, SOPHIE, *puis* MARTIN.

URSULE. En voici bien d'une autre, mon enfant !.. Croirais-tu que le général...

SOPHIE. Je sais... ma tante... je sais...

URSULE. Comment?..

SOPHIE. Oui, pardonnez mon indiscrétion... j'ai tout entendu.

URSULE. Ma nièce!.. je ne veux pas t'influencer... mais songe que tu as un nom... tandis que le général...

SOPHIE. Aujourd'hui, ma tante, on est ce qu'on sait se faire!.. Et toute La Morlière que je sois, je ne croirais pas déroger en épousant le général Bouchenot...

URSULE. Tu lui ferais beaucoup d'honneur...

SOPHIE. Et si j'hésite encore... si j'ai besoin de réfléchir... ce n'est pas pour cette raison... il en est une autre... (*Elle s'arrête.*) Oh! non... je ne dois pas lui dire...

URSULE. Chère enfant... que notre gêne n'entre pour rien dans ta résolution et si ton cœur repousse cette alliance...

MARTIN, *entrant avec une malle sur les épaules.* Faites excuse, Mesdemoiselles, si je vous dérange... C'est les effets de vos locataires...

URSULE. Ah! mon Dieu... et moi qui oubliais de débarrasser... Dépêchez-vous, père Martin, puis vous m'aiderez à emporter ce qui reste par ici... (*Elle entre à gauche, Martin à droite.*)

SOPHIE, *seule.* Oh ! j'ai bien compris les intentions du général. Ce mariage... c'est un moyen d'assurer notre sort... et de nous faire accepter ses bienfaits!.. refuserai-je?.. laisserai-je échapper l'occasion qui s'offre à moi de m'acquitter envers ma tante et de lui rendre tout ce dont elle s'est privée pour nous? Mais lui, dont j'avais gardé le souvenir, lui que le hasard vient de ramener près de moi!.. (*Voyant entrer Maurice.*) Le voilà !

SCÈNE XIV.
SOPHIE, MAURICE, *puis* MARTIN.

MAURICE, *entrant.* Je vous demande pardon, Mademoiselle... (*S'arrêtant.*) Grand Dieu ! ne me trompé-je pas ?.. cette ressemblance... (*Avec chaleur et en se rapprochant de Sophie.*) Ah ! Mademoiselle, parlez... est-ce bien vous que je croyais ne plus revoir?..

SOPHIE. Oui, Monsieur... c'est bien moi !.. que vous avez sauvée, il y a deux ans, des mains des Arabes.

MAURICE. Vous ne m'avez pas oublié...

SOPHIE. Oh! je n'oublierai jamais le jour où notre habitation avait été tout à coup envahie par des hordes furieuses... Ma tante malade, mon père absent... l'incendie, le pillage, le meurtre autour de nous... puis un homme qui me saisit et m'entraîne vers le désert, puis enfin le clairon français qui se fait entendre... un officier qui se précipite sur mes traces, me délivre et me ramène jusqu'au seuil de notre demeure...

MAURICE. Là, Mademoiselle, le devoir m'ordonna de vous quitter... mais j'emportais au fond du cœur une image ineffaçable... et, lorsqu'un mois après, je revins entraîné par le désir de vous revoir... votre habitation était déserte, le village abandonné... Personne qui pût m'indiquer la route que vous aviez suivie, ni même me dire votre nom.

SOPHIE. Moi, Monsieur, j'étais plus heureuse, car je pouvais mêler à mes prières celui de mon libérateur. Aussi, jugez de ma surprise, de mon émotion, lorsque ce nom que le hasard m'avait appris en Afrique, je l'ai revu là, tout à l'heure ! j'allais enfin vous témoigner toute ma reconnaissance.

MAURICE. Ah! Mademoiselle, que vos douces paroles me font de bien à entendre... et si j'osais espérer qu'un jour...

URSULE, *dans la chambre à droite.* Sophie, prie donc Martin de venir m'aider.

SOPHIE. Oui, ma tante.

MAURICE. Eh quoi, la personne que j'ai vue ici et qui m'a loué cet appartement?..

SOPHIE. C'est ma tante, Monsieur.

MARTIN, *entrant.* Me v'là, Mam'selle!.. n'vous impatientez pas!.. (*Bas, à Sophie.*) Mam'selle, je ne voulais pas vous donner ce papier devant vot' tante, de peur de l'affliger.

SOPHIE. Qu'est-ce donc?

MARTIN. C'est un papier de la part du propriétaire... une assignation...

SOPHIE, *le prenant.* Ah! mon Dieu... chassées... nos meubles vendus, peut-être.

MARTIN. Et puis cette lettre... avec un grand cachet rouge...

URSULE, *dans la coulisse.* Venez, père Martin, venez donc!

MARTIN. Me v'là, Mam'selle, me v'là. (*Il va et vient dans la chambre, Maurice se tient à l'écart.*)

SOPHIE, *vivement.* Ah! la réponse du ministre!.. (*A part, en ouvrant la lettre, pendant que Martin va et vient, et que Maurice se tient à l'écart.*) Notre seule espérance!.. notre unique ressource!.. (*S'arrêtant.*) Mais pourquoi trembler?.. Il est impossible qu'on n'ait pas fait droit à notre demande... Le bonheur va rentrer dans la famille... et je serai libre de mon cœur et de ma main.

MAURICE, *à part, au fond.* Qu'a-t-elle donc?..

SOPHIE, *lisant.* « Mademoiselle, j'ai le regret de « vous annoncer que, faute de titres, votre de« mande est ajournée. » (*Elle tombe sur une chaise.*)

SCÈNE XV.
LES MÊMES, URSULE, *puis* UN DOMESTIQUE.

URSULE, *entrant, et à la cantonade.* Père Martin, prenez tous ces cartons et montez-les dans notre nouvel appartement.

SOPHIE, *à part.* Que faire?.. que devenir?..

LE DOMESTIQUE, *entrant par le fond.* La voiture de M. le général est à la porte...

MAURICE, *à part.* Que vois-je?.. ce domestique!..

LE DOMESTIQUE. Tiens... monsieur Maurice! (*Maurice lui parle au fond.*)

URSULE, *s'approchant de Sophie qui se lève et cherche à cacher son émotion.* Eh bien, Sophie, as-tu pris une décision?..

SOPHIE. Oui... oui... ma tante!.. (*A part.*) Oh! mon Dieu, si je refuse... pour elle la misère, le malheur, oh!.. je ne le dois pas... non!.. plutôt moi-même...

URSULE. Il faut renvoyer cette voiture... ou partir...

SOPHIE, *s'efforçant de sourire.* Eh bien... je suis décidée... partons, ma tante!

URSULE. Ainsi donc... ce mariage?..

SOPHIE. Je l'accepte!

MAURICE, *s'avançant.* Qu'ai-je entendu! un mariage...

URSULE. Oui, Monsieur, celui de ma nièce...

MAURICE. Eh! quoi!.. Mademoiselle...

URSULE. Épouse le général Bouchenot!

MAURICE, *à part.* Ah!..

MARTIN. Ah! bah!

FIN DU PREMIER ACTE.

ACTE DEUXIÈME.

Le jardin de la maison du général à Auteuil; à droite, un pavillon.

SCÈNE PREMIÈRE.
POUSSEPAIN, UNE JEUNE FILLE.

POUSSEPAIN, *occupé à nettoyer les armes du général, en chantant.*
J'ai souvent rencontré des filles
Qui dormaient,
Et je n'en ai trompé z'aucune,
Vive l'amour!

LA JEUNE FILLE, *entrant par la grille, et à part.* On m'a dit la dernière grille à droite. (*Haut.*) Pardon, Monsieur.

POUSSEPAIN, *à part.* Tiens! une jeunesse.

LA JEUNE FILLE. C'est bien ici la maison du général Bouchenot?

POUSSEPAIN. Oui, qu'est-ce qu'il y a pour vot' service, ma jolie petite mère?

LA JEUNE FILLE. Je viens pour être femme de chambre.

POUSSEPAIN, *étonné.* Du général?

LA JEUNE FILLE. Non, c'est pour des dames qui demeurent chez lui.

POUSSEPAIN. Ah! c'tte vieille demoiselle et sa fille, sa nièce, je ne sais pas au juste, arrivées d'hier au soir?

LA JEUNE FILLE. Oui, c'est ça, je crois.

POUSSEPAIN, *indiquant la droite.* Là-bas, au bout de l'allée, vous verrez un pavillon, où c' qu'y a des capucines autour.

LA JEUNE FILLE. Je vous remercie!

POUSSEPAIN. Au revoir, bijou! (*La jeune fille sort.*) Qu'est-ce que c'est que tout ça?.. En v'là une drôle de garnison!.. Des dames qui s'installent ici, avec armes et bagages... Une femme de chambre qui arrive... et mon général qui ne me dit rien... Oh! mais, minute!.. Ça ne peut pas aller de ce train-là... Faudra qu'il s'explique... Justement, c'est lui! Bon! avec la vieille!.. (*Il se remet à sa besogne, et se tient à l'écart.*)

SCÈNE II.

POUSSEPAIN, LE GÉNÉRAL, URSULE.

(*Le général entre par la droite en donnant le bras à Ursule.*)

URSULE. Vraiment, général, vous songez à tout et je suis touchée d'une pareille hospitalité.

LE GÉNÉRAL. Des remercîments?.. allons donc, ma chère demoiselle, c'est moi qui suis trop heureux que vous ayez accepté mes offres... et d'avoir ainsi l'occasion de m'acquitter envers ce brave capitaine.

POUSSEPAIN, *à part*. Qué capitaine?

LE GÉNÉRAL. J'ai obtenu du ministre, huit jours, pas plus; après quoi, il faudra que je retourne à mon poste. J'ai donc résolu de mener rondement les choses.

POUSSEPAIN, *à part*. Qué choses?

LE GÉNÉRAL. Aussi ai-je convoqué tous mes amis pour aujourd'hui même.

POUSSEPAIN, *à part*. Y a qué qu'anguille sous cloche, c'est sûr!

URSULE. Fort bien, général, mais vous m'excuserez de vous quitter si tôt... J'attends ma seconde nièce que j'ai envoyé chercher...

POUSSEPAIN, *à part*. Ah! bah! encore une autre!.. Tout un escadron de cotillons!

URSULE. Voici l'heure à laquelle elle doit arriver... Permettez-moi d'aller à sa rencontre...

LE GÉNÉRAL. Désirez-vous que je vous accompagne jusqu'à la voiture?

URSULE. Inutile de prendre cette peine, le bureau n'est qu'à deux pas.

Air de *Gastibelza*.

Au revoir et merci.

LE GÉNÉRAL.

A bientôt, Mademoiselle.

URSULE.

Je me rends auprès d'elle,
Et je vous l'amène ici.

ENSEMBLE.

URSULE.

Au revoir et merci,
Général, de votre zèle.
Je me rends auprès d'elle,
Et je vous l'amène ici.

POUSSEPAIN, *à part*.

Que veut dire ceci?
Encore un' recru' nouvelle!
Au complet, la kirielle
Va donc défiler ici.

LE GÉNÉRAL.

Puisqu'enfin, c'est ainsi,
A bientôt, Mademoiselle!
Rendez-vous auprès d'elle,
Je vais vous attendre ici!

(*Le général conduit Ursule jusqu'à la grille, et elle sort.*)

SCÈNE III.

LE GÉNÉRAL, POUSSEPAIN.

POUSSEPAIN, *à part*. Ah! nous voilà seuls... et je vais enfin savoir de quoi il retourne... (*Toussant.*) Hum! hum!

LE GÉNÉRAL, *revenant*. C'est toi, Poussepain!.. Tu étais là?

POUSSEPAIN. Oui, général... c'est moi que j'astiquais...

LE GÉNÉRAL, *l'interrompant*. Donne-moi du feu!

POUSSEPAIN. Voilà, général! (*Il lui présente une allumette enflammée.*)

LE GÉNÉRAL, *allumant un cigare*. As-tu dit à mes aides de camp de venir me parler?

POUSSEPAIN. Oui, général.

LE GÉNÉRAL. C'est bien. Tu m'apprêteras pour ce soir, ma grande tenue.

POUSSEPAIN, *à part*. Nous y voilà... (*Haut.*) Est-ce que mon général va passer une revue?

LE GÉNÉRAL. Le soir, imbécile!

POUSSEPAIN. C'est juste, je disais une bêtise!.. Alors, mon général va-t-en ville?

LE GÉNÉRAL. Hein?

POUSSEPAIN. Je dis : mon général va-t-en ville?.. en soirée?

LE GÉNÉRAL. Ah! va-t-en ville... Je reçois du monde.

POUSSEPAIN. Tiens!.. un festival... Et en l'honneur de quel saint?

LE GÉNÉRAL, *riant*. Ah çà, mais le diable m'emporte, je crois qu'il m'interroge ce gaillard-là!

POUSSEPAIN. Écoutez donc, si depuis vingt ans que je suis à votre service, je ne connaissais pas un peu vos affaires...

LE GÉNÉRAL. Il faudrait peut-être te rendre des comptes.

POUSSEPAIN. Dam', général, c'est votre habitude...

LE GÉNÉRAL. Mon habitude!.. c'est vrai... je suis trop bon... je m'amuse parfois de tes familiarités... j'ai la sottise de répondre à toutes les questions.

POUSSEPAIN.

Air : *Un homme pour faire un tableau.*

Depuis longtemps, c'est z'un pli pris.

LE GÉNÉRAL.

C'est un tort... et pour me conduire,
Qu'ai-je besoin de tes avis?

POUSSEPAIN.

Dam'! vot' coutume est de m'instruire,
Et si vous m' cachiez un secret,
Contrairement à vos usages,
Franchement, il me semblerait
Qu' vous m' rogniez quéqu' chose sur mes gages.
Oui, j' croirais qu' vous me rognez mes gages.

LE GÉNÉRAL, *à part*. Hum!.. ces vieux soldats!.. Il me fait rire!

POUSSEPAIN. Enfin, tenez, général, il y a ici du mic-mac...

LE GÉNÉRAL. Comment, du mic-mac.
POUSSEPAIN. Oui, il s' manigance qué qu' chose dont de quoi vous me faites mystère.
LE GÉNÉRAL. Eh bien! quand cela serait, il me semble que j'ai bien le droit...
POUSSEPAIN. Ah! excusez, c'est différent!.. et si vous le prenez sur ce ton-là... si vous n'avez plus de confiance en moi...
LE GÉNÉRAL. Allons, tais-toi, voici quelqu'un.
POUSSEPAIN, *à part.* Cristi!.. c'est embêtant!.. Je ne saurai rien encore.
LE GÉNÉRAL. Va-t'en!
POUSSEPAIN. Oui, général. *(Entre ses dents.)* Cré mille noms d'une pipe!
LE GÉNÉRAL. Hein?.. qu'est-ce que c'est?
POUSSEPAIN. Rien!.. Je chantais : En avant, Fanfan la tulipe... *(A part.)* Cré mille noms d'une pipe!.. *(Prenant son parti.)* En avant! *(Il sort pendant que Maurice entre.)*

SCÈNE IV.

LE GÉNÉRAL, MAURICE.

MAURICE, *saluant et très-froidement.* Vous désiriez me parler, général?
LE GÉNÉRAL, *avec affabilité.* Eh!.. approchez, mon cher Maurice!.. qu'êtes-vous donc devenu depuis hier?.. Pourquoi ne vous a-t-on pas vu?
MAURICE. Pardon, général, mais quand on arrive...
LE GÉNÉRAL. Oui, je comprends, il faut s'installer. Mais d'où vient que vous êtes seul?.. où donc est le lieutenant d'Esgrigny?
MAURICE. Paul?.. veuillez l'excuser... une affaire importante... un devoir à remplir...
LE GÉNÉRAL. Un devoir!.. vous donnez là-dedans?.. quelque partie de plaisir sans doute... toujours le même! toujours une tête folle!
MAURICE. Général! Vous aviez, m'a-t-on dit, à me donner des ordres...
LE GÉNÉRAL. Ou plutôt, j'ai un service à vous demander.
MAURICE. Un service!
LE GÉNÉRAL. Je vais me marier.
MAURICE. Oui, je le sais!
LE GÉNÉRAL. Ah!.. déjà... comment donc?.. *(Maurice s'incline sans répondre.)* Enfin, n'importe!.. il faut, mon cher, que vous me fassiez le plaisir d'être mon bras droit dans tout cela... mon grand maître des cérémonies.
MAURICE, *troublé.* Moi, général?
LE GÉNÉRAL. Oui, un jeune homme s'entend toujours mieux à ces sortes de choses... ce soir, par exemple, je donne une fête, pour présenter ma fiancée... occupez-vous des préparatifs, des illuminations, des chiffres... ça fait toujours bien, ça flatte une jeune fille.

MAURICE, *à part.* O ciel!.. et c'est moi qu'il charge...
LE GÉNÉRAL. Eh! mais, au fait... un chiffre!.. le diable m'emporte... tout cela s'est fait si promptement... j'ai oublié le nom de ma future.
MAURICE. Sophie, mon général!
LE GÉNÉRAL, *étonné.* Tiens!.. vous savez son nom?.. Eh bien, vous ferez mettre un S... En vérité, je suis fâché de vous donner toute cette peine... mais M. Paul n'est jamais là quand on a besoin de lui...

SCÈNE V.

LES MÊMES, PAUL, *entrant vivement sur les derniers mots.*

PAUL. Pardon, général, me voici!
LE GÉNÉRAL. Et d'où venez-vous, Monsieur? Pourquoi vous absentez-vous sans permission?
PAUL. Général...
LE GÉNÉRAL. J'espère au moins que vous avez une excuse.
PAUL. Certainement, général, une excuse excellente!
LE GÉNÉRAL. Et peut-on la connaître?
PAUL. Mon Dieu, général, voilà ce que c'est... figurez-vous... *(A part.)* Je ne sais que lui dire...
LE GÉNÉRAL. Eh bien, parlez donc?
MAURICE. Voyons, explique-toi.
PAUL, *cherchant des mots.* Eh bien... c'est... c'est une lettre que j'ai reçue qui m'obligeait à une démarche indispensable... pour une affaire...
LE GÉNÉRAL. Une affaire?..
PAUL. Très-délicate... très-embrouillée...
LE GÉNÉRAL. Je le crois!
PAUL. Et que même il m'a été impossible de terminer sur-le-champ... Aussi, général, venais-je vous prier de...
LE GÉNÉRAL. De?..
PAUL. De m'accorder un congé...
MAURICE. Y songes-tu?
LE GÉNÉRAL. Un congé?..
PAUL. De quelques jours seulement, pour...
LE GÉNÉRAL. Pour terminer cette grande affaire?.. je vous défends de sortir, Monsieur.
PAUL. Comment?
LE GÉNÉRAL. Je vous mets aux arrêts.
PAUL. Aux arrêts!..
MAURICE. Général!..
PAUL. Permettez...
LE GÉNÉRAL. Pas un mot de plus.

ENSEMBLE.
Air :

Votre indocilité
Commence à me déplaire.
Redoutez ma colère
Et ma sévérité!

PAUL, *à part.*
Ah ! c'est, en vérité,
Se montrer trop sévère !
Repousser ma prière,
C'est une indignité !
MAURICE, *à part.*
Cette sévérité
Pour lui me désespère !
Je crains son caractère
Et sa légèreté !
(*Le général sort.*)

SCÈNE VI.
MAURICE, PAUL.

PAUL. Aux arrêts !.. pour m'être absenté vingt-quatre heures !.. s'il croit que j'y resterai... oh ! non, mille fois non !

MAURICE. Que vas-tu faire?.. une folie !

PAUL. Mais apprends donc que cette jeune fille dont je t'ai parlé, je l'ai retrouvée... plus jolie, plus charmante encore qu'autrefois... à peine avons-nous pu échanger quelques mots... mais cela m'a suffi pour me convaincre qu'elle ne m'avait pas oublié...

MAURICE, *à part.* Il est bien heureux.

PAUL. Et je suis décidé à retourner près d'elle... et à demander sa main.

MAURICE. Sa main ?

PAUL. C'est pour cela que je venais trouver le général... et sans me donner le temps de m'expliquer... sans vouloir m'entendre... il me met aux arrêts !

MAURICE. Oui, je conçois, c'est très-ennuyeux... mais...

PAUL. Toi-même... cet air triste... soucieux... qu'as-tu donc ?

MAURICE. Rien !.. Rien !

PAUL. Quelque semonce aussi qu'il t'aura faite, comme à moi, à propos d'une peccadille... Sans doute, il est notre supérieur... je le respecte, je l'aime... et je donnerais, s'il le fallait, ma vie pour lui... mais que diable, on n'est pas sévère comme cela...

Air de *Madame Favart* (Pilati).
Me mettre aux arrêts, c'est indigne !
Lorsque tout m'engage à partir.
Au diable, ma foi, la consigne !
Rien ne pourra me retenir.
MAURICE.
Un tel projet !.. c'est courir à ta perte,
Avant de braver les arrêts,
Réfléchis donc...
PAUL.
Avant ? non, certe,
Il sera temps de réfléchir après.
Réfléchir avant, oh ! non, certe,
Il sera temps de réfléchir après !

MAURICE. Paul !.. où vas-tu ?

PAUL. A Versailles, parbleu ! retrouver celle que j'aime.

MAURICE. Tu te feras punir.

PAUL. Je m'en moque !.. Adieu ! (*S'arrêtant à la vue de Zoé qui paraît à la grille avec Ursule.*) Que vois-je !

SCÈNE VII.
LES MÊMES, ZOÉ, URSULE, SOPHIE.

ZOÉ, *entrant avec sa tante.* Comment ! ma sœur !.. ma sœur ici !.. oh ! quel bonheur !

SOPHIE, *arrivant par la droite, et courant à sa sœur.* Zoé !..

ZOÉ. Ma chère Sophie !.. (*Elles s'embrassent.*)
ENSEMBLE.
Air de *la Chanteuse voilée.*
SOPHIE ET ZOÉ.
Ah ! pour mon cœur quel doux moment !
Je revois ma sœur chérie.
Après deux mois, qu'il est charmant,
D'embrasser sa sœur, son amie !
URSULE.
Ah ! pour son cœur quel doux moment,
De revoir sa sœur chérie, etc.

MAURICE, *à part.* Ah ! je ne puis supporter sa présence !.. (*Il s'éloigne vivement.*)

PAUL, *qui est resté tout surpris de l'arrivée de Zoé, se retournant comme pour parler à Maurice.* C'est elle !... mon ami !... C'est... Eh bien ! où est-il donc?... Disparu ! (*Haut.*) Ah ! vous ici ?

ZOÉ, *apercevant Paul qui la salue.* Monsieur Paul d'Esgrigny !

URSULE, *à Zoé.* Comment ! tu connais Monsieur ?

ZOÉ. Oui, chère tante... Monsieur était reçu autrefois chez bonne maman, comme voisin.

PAUL. Du temps où j'étais encore à Saint-Cyr.

ZOÉ. Monsieur nous consacrait presque tous ses dimanches et nous avons fait ensemble, dans le jardin, bien des parties de volant.

PAUL. Mais, en vérité, je marche de surprise en surprise, et j'étais bien loin de m'attendre à rencontrer...

URSULE. Votre hôtesse, dans la maison du général, n'est-ce pas, Monsieur?

PAUL. En effet, Madame.

URSULE. Un mot va vous expliquer notre présence ici... ma nièce Sophie épouse le général.

PAUL. Vraiment !

ZOÉ, *à Sophie.* Tu te maries ?

PAUL, *à part.* A merveille ! Elle parlera pour nous ! (*Haut.*) Recevez mon compliment, Mesdames.

URSULE. Mais il y a bal ce soir... il faut j'aille surveiller les préparatifs de votre toilette... Je vous laisse ensemble, Mesdemoiselles.

PAUL, *à Ursule.* Madame veut-elle me faire l'honneur d'accepter mon bras ?

URSULE. Volontiers, Monsieur.

PAUL, *à part.* Je crois politique de faire un doigt de cour à la tante.

ENSEMBLE.

Air : *A bien prendre la vie* (Femmes du monde).

URSULE.
A loisir, je vous laisse
Causer de vos projets,
Il faut que je m'empresse
De faire mes apprêts.

PAUL, *à part.*
Quel bonheur ! quelle ivresse !
Et moi qui murmurais !
A présent je m'empresse
De bénir mes arrêts !

ZOÉ.
Ensemble elle nous laisse
Pour faire ses apprêts ;
Me rendre à ta tendresse,
C'est combler mes souhaits !

SOPHIE.
Ensemble elle nous laisse
Pour faire ses apprêts ;
(*A part.*)
Cachons bien ma tristesse,
Taisons-lui mes regrets !

(*Paul offre le bras à Ursule, et ils sortent ensemble par la droite.*)

SCÈNE VIII.

SOPHIE, ZOÉ, *puis* POUSSEPAIN.

ZOÉ, *gaiement.* Comment, ma chère Sophie, tu te maries? Tu vas être madame la générale?... C'est superbe !

SOPHIE, *s'efforçant de prendre sur elle.* Oui, c'est un parti plus brillant que je ne pouvais l'espérer !

ZOÉ. Eh bien ! je me doutais de quelque chose comme cela. Oui, le ton mystérieux de ma tante... et puis ce parc... ce château où je me trouve tout à coup transportée, quand je croyais vous rejoindre à Paris dans notre modeste logement... mais quel changement dans notre position...

SOPHIE. Il était temps, je te jure, pour notre bonne tante !...

ZOÉ. Oui, n'est-ce pas? après tous les sacrifices qu'elle a faits pour nous, pour notre éducation...

SOPHIE. Elle était accablée par le travail... et moi-même...

ZOÉ. En effet... je te trouve un peu changée !... mais, Dieu merci, voilà l'avenir de ma tante assuré, le tien, aussi, chère sœur, enfin, ce mariage me va très-bien ! tu me serviras.

SOPHIE. Moi?

ZOÉ. Plus tard, je te dirai comment... parlons d'abord de toi, de ton bonheur !

SOPHIE, *avec émotion.* Mon bonheur !

ZOÉ. Ce général, dis-moi, quel homme est-ce?... Est-il jeune, joli garçon, aimable?... Enfin, te plaît-il?... Es-tu heureuse?

SOPHIE. Mais oui... certainement !

ZOÉ. C'est drôle, il me semble, moi, que si je me mariais, j'aurais un tout autre air...

SOPHIE. Oh! tu sais, je n'ai jamais été bien gaie, bien démonstrative.

ZOÉ. Mais enfin, ce n'est donc pas un mariage d'amour?

SOPHIE. J'ai beaucoup d'estime... de respect pour le général...

ZOÉ. De l'estime, du respect!... Quel âge a-t-il donc?

SOPHIE. Je ne sais... quarante-cinq ans, je crois.

ZOÉ. Miséricorde!

Air : *Vaudeville de l'Héritière.*

Quarante-cinq ans !.. ah ! ma chère,
Pour toi, vraiment, ça me fait peur !
SOPHIE.
C'est un noble et franc caractère.
ZOÉ.
D'accord !.. les qualités du cœur...
Et puis, ce grade, c'est flatteur !
Mais son âge... ah ! Dieu ! c'est terrible !..
SOPHIE.
Il est jeune encore !..
ZOÉ.
Jeune !.. oui,
Pour un général, c'est possible ;
Mais il est vieux pour un mari,
Il est bien vieux pour un mari !

SOPHIE. Je conçois, ma bonne Zoé, que l'on pense ainsi à ton âge.

ZOÉ. Mon âge... mon âge!... Parce que tu as deux ans de plus que moi, vas-tu me traiter encore comme une petite fille?

SOPHIE. Non; mais tu as toujours été un peu légère, un peu étourdie... et tu ne comprends pas qu'il y a des circonstances où la raison doit seule nous guider.

ZOÉ. Au contraire, Mademoiselle... et s'il le fallait, la petite fille, la petite étourdie aurait peut-être autant de raison que bien d'autres. Et, après tout, ce général, il est peut-être très-bien... et quand je l'aurai vu... comment se nomme-t-il?

SOPHIE. Le général Bouchenot.

ZOÉ. Ah! l'ancien ami de notre père.

SOPHIE. Celui qui a écrit si souvent à ma tante, pour lui offrir ses services?...

ZOÉ. Qu'elle a toujours repoussés. Depuis quand donc le connais-tu?

SOPHIE. Depuis hier seulement.

ZOÉ. Depuis hier!... (*A part.*) Ah! pauvre sœur!... (*Haut.*) Et tu t'es décidée comme cela... tout à coup?

SOPHIE. Le général exigeait une réponse immédiate... et en présence des chagrins qui nous menaçaient...

ZOÉ. Oui... oui... je comprends...

SOPHIE. Il m'était impossible d'hésiter...

ZOÉ. Mais, dis-moi, car je me le rappelle maintenant, tu m'avais parlé dans tes lettres... d'un jeune homme...

SOPHIE, *embarrassée*. Moi?

ZOÉ. Oui, un jeune homme qui t'avait sauvée, en Afrique.

SOPHIE. En effet... j'avais conservé pour lui une reconnaissance...

ZOÉ. Ah!... j'avais cru à un sentiment plus tendre...

SOPHIE. De ma part?... Peut-être dans le moment, ai-je pu espérer qu'un jour.... mais c'était un rêve de jeune fille auquel je ne pense plus.

ZOÉ. Bien vrai?

SOPHIE. Oh! plus du tout, je t'assure!

ZOÉ, *à part*. Je crois bien, moi, qu'elle y pense encore!

POUSSEPAIN, *entrant et à part*. Oh! les nièces!... Fixe et immobile!... (*Il se glisse derrière un arbre et observe.*)

ZOÉ. Sophie, tu veux en vain me cacher ton émotion, ta tristesse... et il me semble lire dans tes yeux...

SOPHIE. Mais non! tu te trompes, je suis heureuse... très-heureuse de mon mariage avec le général.

POUSSEPAIN, *à part*. Un mariage!... avec le général.

ZOÉ, *à part, regardant sa sœur qui s'est détournée pour pleurer*. Oh! je n'en doute plus... un sacrifice... pour ma tante... pour moi-même!... (*Prenant la main de Sophie.*) Sophie,.. tu pleures!

SOPHIE. Moi!...

ZOÉ. Oui,... tu pleures... je le vois!

POUSSEPAIN, *à part*. Des larmes!... C'est bon à savoir. (*Il disparaît.*)

ZOÉ. Voyons, Sophie, ma bonne sœur, confie-moi tes chagrins... ouvre-moi ton cœur... il y a quelque secret que tu me caches!

SOPHIE. Eh bien! oui, c'est plus fort que moi... Depuis hier, je me contiens devant tout le monde, devant ma tante surtout... et c'est bien le moins qu'avec ma sœur...

ZOÉ. Sophie!... ma chère Sophie!...

SOPHIE. Tais-toi, on vient!... Le général!... (*A part.*) Ah! cachons-lui mes larmes! (*Elle sort vivement.*)

ZOÉ, *la suivant*. Sophie... Sophie!... (*Elle s'arrête à la voix du général.*)

SCÈNE IX.

LE GÉNÉRAL, ZOÉ, POUSSEPAIN.

LE GÉNÉRAL. Ah! Mademoiselle, mille pardons! J'arrive mal à propos... Je dérange des confidences de jeunes filles... Du reste, je suis charmé de faire connaissance avec ma future belle-sœur.

ZOÉ. Monsieur!..., (*A part.*) Quelles moustaches!

LE GÉNÉRAL. Mais ne vous gênez pas, Mademoiselle, rejoignez votre sœur!

ZOÉ. Vous permettez?

LE GÉNÉRAL. Comment donc?

ZOÉ. Alors, Monsieur... (*A part.*) Quarante-cinq ans!... Pauvre Sophie!,.. il faut que je la revoie... que je la console... Ah! mon Dieu, mon Dieu!... quelles moustaches!... (*Elle sort.*)

SCÈNE X.

LE GÉNÉRAL, POUSSEPAIN.

POUSSEPAIN, *à part*. A nous deux maintenant!.. (*Haut et s'avançant vers le général.*) Eh bien, c'est gentil!.. je vous fais mon compliment!

LE GÉNÉRAL. A qui en as-tu?

POUSSEPAIN. Je sais tout!.. J'ai découvert le pot aux roses!

LE GÉNÉRAL. Comment!

POUSSEPAIN. Nous allons nous marier!

LE GÉNÉRAL. Eh bien, après?.. Fallait-il te demander ta permission.

POUSSEPAIN. Je l'aurais refusée.

LE GÉNÉRAL Ah! bah!

POUSSEPAIN.

Air : *les Anguilles* (Mazaniello).

Qui, vous, un vieux lapin d'Afrique,
Vous empêtrer d'un cotillon!
Ça va faire un' drôl' de musique,
Ça s'ra gentil dans la maison!
Deux maît's... pour moi, c'est agréable!
Obligé d' répondre à chacun.
Pour me fair' donner au diable,
C'était, ma foi, bien assez d'un,
Oui, pour me faire donner au diable,
C'était, ma foi, bien assez d'un!

LE GÉNÉRAL, *à part*. Si je le brusque, cet animal-là, sous prétexte de se consoler, est capable, comme à son ordinaire, de se griser pendant trois jours!.. (*Haut.*) Allons, voyons, calme-toi... Je n'avais pas fait vœu de rester garçon. Que diable! tôt ou tard, je devais finir par me marier.

POUSSEPAIN. Vous marier!.. Et avec quelle femme encore!.. Une femme qui pleurniche!..

LE GÉNÉRAL. Comment, qui pleure?

POUSSEPAIN. Parbleu!.. je l'ai bien vue; là, tout à l'heure... vous vous croyez peut-être adoré... à votre âge!

LE GÉNÉRAL, *avec humeur*. Mon âge!.. mon âge!.. Il est tout naturel qu'une jeune fille qui n'a jamais quitté sa tante... au moment de s'enchaîner à un homme qu'elle connaît à peine... (*Changeant de ton.*) Tu dis qu'elle pleurait?

POUSSEPAIN. Oui, oui... et crânement encore!

LE GÉNÉRAL, *à part*. En effet, depuis hier, cette tristesse...

POUSSEPAIN. Voyez-vous, les femmes qui pleurnichent, faut pas s'y fier!

LE GÉNÉRAL. Allons donc!

POUSSEPAIN. N'y a pas d'allons donc!.. A preuve, vous savez bien, Chapuzot... le chapeau chinois du quarante-troisième...

LE GÉNÉRAL. Ensuite?

POUSSEPAIN. Il a épousé une jeunesse qui pleurait... les camarades ont z'eu beau lui dire : Prends garde, Chapuzot!.. mègue à toi, mon bonhomme!.. bah! il n'en a fait qu'à sa tête... il a voulu tâter du conjungo... et quéqu' temps après...

LE GÉNÉRAL. Eh bien ?

POUSSEPAIN. Drinn... drinn... en plein!.. Aussi, tenez, général, à votre place, je...

LE GÉNÉRAL, *perdant patience*. Je ferai ce que bon me semblera... Et je te prie de me laisser tranquille avec tes conseils. (*A part, avec humeur.*) Qu'est-ce qu'il vient me conter avec son chapeau chinois!..

POUSSEPAIN. Alors, comme ça, ça tient toujours?

LE GÉNÉRAL. Toujours!

POUSSEPAIN. Vous êtes décidé à ce mariage?

LE GÉNÉRAL. Très-décidé!

POUSSEPAIN. Suffit!.. je vous rends *responsable* de tout ce qui arrivera.

LE GÉNÉRAL. Mais...

POUSSEPAIN. Je vous rends responsible!.. voilà! (*Il sort.*)

SCÈNE XI.

LE GÉNÉRAL, puis ZOÉ.

LE GÉNÉRAL, *seul*. Bon ! je sais à quoi m'en tenir ; les verres de rhum vont entrer en danse!.. (*Devenant sérieux.*) Mais avec tout ça, ces pleurs dont il m'a parlé!.. Diable!.. Si pourtant ce mariage chagrinait cette jeune fille, je ne voudrais pas... et d'un autre côté, la promesse que je me suis faite... quel parti prendre?.. C'est très-embarrassant!.. (*Il va s'asseoir sur un banc et réfléchit sans voir Zoé qui entre.*)

ZOÉ, *entrant et s'arrêtant à la vue du général, à part*. Ah! le voilà... tant mieux!.. pauvre sœur!.. quel chagrin elle se préparait!.. Elle en serait morte!.. ah! on me regarde comme une petite fille!.. Eh bien ! on verra si j'ai du courage... hélas! moi aussi j'avais mon rêve de bonheur... mais je suis plus forte que Sophie... j'oublierai... je me consolerai... Allons, n'hésitons pas!.. je sais comment m'y prendre, par exemple!..

LE GÉNÉRAL, *se levant*. Ah! c'est vous, Mademoiselle!..

ZOÉ, *très-gracieuse*. Oui, général, je vous cherchais.

LE GÉNÉRAL. Moi, Mademoiselle!.. et pourquoi?

ZOÉ. Tout à l'heure, je vous ai quitté si brusquement... je craignais de vous avoir donné une mauvaise opinion de ma politesse.

LE GÉNÉRAL. Oh! en aucune façon, Mademoiselle... je m'explique parfaitement la timidité d'une jeune personne à mon aspect surtout... un teint bronzé, de vieilles moustaches, ça fait toujours un peu peur... mais rassurez-vous!.. je ne suis pas si diable que j'en ai l'air... et quand vous me connaîtrez mieux...

ZOÉ. Oh! je vous connaissais déjà depuis longtemps, général.

LE GÉNÉRAL, *étonné*. Depuis longtemps?

ZOÉ. Sans vous avoir jamais vu.

LE GÉNÉRAL. Et comment cela, je vous prie?

ZOÉ. Mais par les lettres que nous recevions d'Afrique et dans lesquelles il était question de vous... de votre bonté... de votre courage...

LE GÉNÉRAL. Ah!

ZOÉ. Puis aussi, par les bulletins qui rendaient compte des hauts faits de notre armée... J'y cherchais toujours votre nom.

LE GÉNÉRAL. Mon nom !

ZOÉ. Oh! moi, d'abord, je me suis toujours intéressée à ce qui tient au militaire... et si je me mariais jamais, je voudrais que mon mari fût officier.

LE GÉNÉRAL. En vérité?

ZOÉ. Quel bonheur de le suivre au camp, à la guerre!.. De partager ses fatigues, ses dangers!.. Toujours près de lui... à cheval...

LE GÉNÉRAL, *vivement*. Vous montez à cheval?..

ZOÉ. Très-bien!.. Et puis, je ne crains pas la fatigue... ce n'est pas comme ma sœur!..

LE GÉNÉRAL. Ah! votre sœur?..

ZOÉ. Une santé bien faible... bien chancelante...

LE GÉNÉRAL. En effet!.. oui, il m'a semblé, mais vous me parliez de vous; de votre goût pour l'uniforme..

ZOÉ, *à part*. Il y revient!..

LE GÉNÉRAL. De moi, à qui, sans me connaître, vous daigniez penser quelquefois.

ZOÉ. Souvent, général!

LE GÉNÉRAL. Souvent?.. quoi, Mademoiselle, j'étais assez heureux !..

ZOÉ. Oui, votre sang froid, votre bravoure avaient excité mon enthousiasme... vous savez, les jeunes filles... on a chacune son héros, et vous étiez devenu le mien. De loin, j'aimais à suivre vos opérations... vos marches dans la montagne... je vous ai vu obtenir vos derniers grades, j'ai assisté à toutes vos batailles. Aussi, chaque fois que les journaux m'apportaient la nouvelle d'une victoire, mon cœur battait bien fort... j'étais heureuse, j'étais fière de vos triomphes.

LE GÉNÉRAL. Est-il possible !

ZOÉ. Et quand vous avez été blessé à cette dernière rencontre avec ces vilains Arabes...

LE GÉNÉRAL. A la Tafna... oui, parbleu! je m'en souviens!

ZOÉ. Ah! alors, comme j'ai tremblé pour vous!.. ce doit être si terrible!.. je voudrais être là, près de mon mari, pour le consoler, pour le soigner...

LE GÉNÉRAL. Elle est charmante!

Air : *Pardonnez-moi si dans ce jour* (Nargeot).

Ah! c'est à peine si j'y croi!
Tant d'intérêt, me semble étrange,
Quoi! de loin, vous veilliez sur moi,
Ainsi qu'une fée, un bon ange!
D'une faveur qui m'interdit,
Daignez m'expliquer le mystère..,

ZOÉ, *finement.*

Dam'! général, je vous l'ai dit,
Je m'intéresse au militaire.
Oui, général, etc.

LE GÉNÉRAL, *comme à lui-même.* Ah! quel malheur que je ne l'aie pas connue la première... c'est un caractère comme celui-là qui m'aurait convenu!.. un petit dragon... une petite amazone... si résolue, si enjouée... tandis que l'autre... (*A Zoé.*) Tenez, Mademoiselle, parlez-moi franchement, croyez-vous que ce mariage plaise beaucoup à votre sœur?

ZOÉ. Dame! général... il faudrait être bien difficile pour ne pas se trouver flattée d'épouser un homme aussi distingué par ses talents, sa position...

LE GÉNÉRAL. Oui, on est flatté... mais on pleure...

ZOÉ. Ah! général!..

LE GÉNÉRAL. Tout à l'heure, elle pleurait?..

ZOÉ, *hésitant.* Mais...

LE GÉNÉRAL. Elle pleurait?.. allons, avouez-le-moi.

ZOÉ. Peut-être... un peu.

LE GÉNÉRAL. C'est trop!.. heureusement, rien n'est encore fait!..

ZOÉ. Comment, Monsieur, vous penseriez?..

LE GÉNÉRAL.

Air précédent.

Oui, pour elle, pour son bonheur,
Je dois rompre un hymen funeste
En renonçant à votre sœur,
Heureux, bien heureux, je l'atteste,
Si ces liens qu'elle maudit,
Si mon offre pouvaient vous plaire...

ZOÉ.

Dam! général, je vous l'ai dit,
J'aime beaucoup le militaire,
Oui, général, etc.

LE GÉNÉRAL, *à part.* Ah!.. elle est ravissante... et, après tout, un mariage, c'est pour toute la vie...

ZOÉ, *à part.* Je crois qu'il est bien embarrassé maintenant...

LE GÉNÉRAL, *à part.* Et morbleu! je n'irai pas compromettre, sur une simple promesse faite à la hâte... (*Haut, et à Zoé.*) Ah! justement, Mademoiselle, j'aperçois votre tante... laissez-moi seul avec elle... et je crois que tout cela s'arrangera.

ZOÉ. Eh! quoi, Monsieur, vous songeriez...

LE GÉNÉRAL. Allez, Mademoiselle... je vous en prie... et bientôt... bientôt je vous reverrai.

ZOÉ, *saluant.* Monsieur... (*A part.*) J'ai réussi!.. seule j'aurai à souffrir... (*Elle sort.*)

SCÈNE XII.

LE GÉNÉRAL, URSULE.

URSULE, *entrant.* Ah!.. vous étiez avec ma nièce Zoé, général?

LE GÉNÉRAL. Oui, Mademoiselle... une jeune fille délicieuse... le petit démon le plus adorable que j'aie jamais connu!

URSULE, *souriant.* Eh! mais, général, vous en parlez avec une chaleur...

LE GÉNÉRAL. C'est vrai... je l'avoue... elle a fait ma conquête; et, s'il faut tout vous dire...

URSULE. Eh bien?

LE GÉNÉRAL. Eh bien... ah! ma foi, au diable les périphrases!.. Mademoiselle, j'ai l'honneur de vous demander la main de votre nièce.

URSULE, *étonnée.* Comment!.. la main de...

LE GÉNÉRAL. La main de mademoiselle Zoé.

URSULE. Je suis très-flattée sans doute, général, que vous ayez songé à la marier... mais, avant de me prononcer, il faut au moins que je sache à qui vous la destinez.

LE GÉNÉRAL. Comment, à qui?.. mais à moi, parbleu!

URSULE. A vous!.. ah! c'est une plaisanterie...

LE GÉNÉRAL. Mais non... non... c'est très-sérieux!

URSULE. Un pareil changement!..

LE GÉNÉRAL. Que voulez-vous!.. le caractère... la sympathie... la santé de mademoiselle Sophie... et puis enfin, j'ai vu sa sœur... et j'avoue que je ressens pour elle une préférence marquée...

URSULE. Une préférence!.. c'est possible, Monsieur... mais un mariage convenu... des projets si avancés...

LE GÉNÉRAL. Après tout, il est encore temps.

URSULE. Mais la dignité, Monsieur, la dignité!.. Zoé n'est qu'un enfant... sa sœur est son aînée...

LE GÉNÉRAL. Voyez ces demoiselles, parlez-leur... je crois pouvoir répondre de leur consentement.

URSULE. En vérité, c'est inouï!.. tout cela se fait à mon insu!..

LE GÉNÉRAL, *cherchant à la calmer.* Allons, voyons, je me fie à votre cœur... à votre bonté...

URSULE, *avec fierté.* Je ne promets rien... je ferai ce que les convenances exigeront que je fasse.

LE GÉNÉRAL, *à part.* Cristi!.. si j'avais beaucoup de soldats comme elle!..

ENSEMBLE.

Air de la Vivandière.

Ne tardez pas,
Et de ce pas

J'ai es ma requête,
En vous je mets,
Je le répète,
L'espoir du succès !
URSULE.
Que d'embarras !
Que de tracas,
J'en perdrai la tête !
Enfin, j'y vais,
Et leur répète,
Vos vœux et vos projets !
(Elle sort.)

SCÈNE XIII.

LE GÉNÉRAL, MAURICE, puis POUSSEPAIN.

MAURICE, *entrant du côté opposé*. Général, j'ai rempli vos ordres !.. tout est prêt... j'ai commandé les chiffres...

LE GÉNÉRAL, *à part*. Ah ! diable !.. les chiffres... je m'étais un peu pressé... au fait, c'est un moyen de brusquer les choses et de forcer la tante... (*Haut.*) Mon cher Maurice, il faut vous hâter de faire changer ça.

MAURICE. Comment ?

LE GÉNÉRAL. Ce n'est plus une S, c'est un Z qu'il faut mettre.

MAURICE. Que voulez-vous dire, général ?

LE GÉNÉRAL. Qu'il y a contre-ordre... c'est la sœur, mademoiselle Zoé, que j'épouse.

MAURICE, *avec joie*. Est-il possible !

LE GÉNÉRAL. Oui, je... (*A Poussepain qui entre.*) Qu'est-ce que c'est ?..

POUSSEPAIN, *très-aviné*. Excusez, mon général... je venais vous dire...

LE GÉNÉRAL. Allons, bon !.. le voilà gris !.. j'en étais sûr !

POUSSEPAIN. C'est votre faute, général... je vous avais prévenu... et si vous m'aviez écouté...

LE GÉNÉRAL, *avec impatience*. Enfin, qu'y a-t-il ?

POUSSEPAIN. C'est toute la société qui arrive... les pékins.

LE GÉNÉRAL. C'est bien, je vais me préparer à les recevoir... (*A Poussepain.*) Et toi, fais-moi le plaisir de me tourner les talons : qu'on ne te voie pas dans ce bel état !

POUSSEPAIN. Pardon, mon général, je connais mes devoirs... je tiens à faire mon service.

LE GÉNÉRAL, *sortant*. Ah ! morbleu !.. je te défends...

POUSSEPAIN, *le suivant*. Présent, général !.. toujours présent pour le service ! (*Il sort.*)

SCÈNE XIV.

MAURICE, PAUL.

MAURICE, *seul*. L'ai-je bien entendu !.. cette union n'a pas lieu, Sophie peut être à moi !

PAUL, *entrant vivement* Ah ! Maurice !.. enfin te voilà !

MAURICE. Arrive donc, mon cher !.. tu me vois le plus heureux des hommes...

PAUL. En effet, ce visage rayonnant... qu'y a-t-il donc ?

MAURICE. Cette jeune fille que j'aimais, dont je t'ai parlé... j'avais cru la perdre pour toujours... car c'est elle que le général devait épouser...

PAUL. Eh bien ?

MAURICE. Eh bien, ce mariage est rompu.

PAUL. Il se pourrait !.. ah ! mon cher ami, que je suis heureux pour toi...

MAURICE. Elle est libre !.. et je puis aspirer maintenant...

PAUL. Mais le général ne se marie donc pas ?

MAURICE. Si vraiment, il épouse la sœur.

PAUL. La sœur !

MAURICE. Mademoiselle Zoé.

PAUL. Grand Dieu !

MAURICE. Qu'as-tu donc ?

PAUL. Ah ! mon ami, cette jeune fille... Zoé...

MAURICE. Eh bien ?

PAUL. C'est elle que j'aime !

MAURICE. O ciel !

PAUL, *avec menace*. Et si ce n'était pas mon général...

MAURICE. Malheureux !.. contiens-toi... le voici.

SCÈNE XV.

LES MÊMES, LE GÉNÉRAL, *en grande tenue, et allant au-devant d'*URSULE *qui entre. Les deux jeunes gens se tiennent à l'écart.*

LE GÉNÉRAL, *avec empressement*. Eh bien ! vous avez vu vos nièces, vous leur avez parlé ?.. Puis-je espérer que ma demande ?...

URSULE. Hélas !.. général, à mon grand regret je vous annonce...

LE GÉNÉRAL. Quoi donc ?.. elles refusent ?..

URSULE. Au contraire... tout est arrangé !

LE GÉNÉRAL. Ah ! vous m'aviez fait une frayeur !..

URSULE. Zoé a parlé de votre réputation... de votre gloire avec un enthousiasme...

LE GÉNÉRAL. En vérité !..

URSULE. Oui, malgré ma résistance, malgré mes observations sur le peu de convenances d'un pareil changement, Sophie vous rend votre parole et vous laisse libre d'épouser sa sœur... puisque vous l'aimez et qu'elle vous aime !...

PAUL, *bas, à Maurice*. Tu l'entends !

LE GÉNÉRAL, *avec sentiment*. Oui... oui... je crois que ce mariage fera notre bonheur à tous deux. (*Musique.*) Mais voici nos amis, venez, Mademoiselle, venez avec moi leur annoncer cette nouvelle. (*Il sort par la droite avec Ursule.*)

SCÈNE XVI.

PAUL, MAURICE, SOPHIE et ZOÉ, puis LE GÉNÉRAL, avec URSULE et les invités.

(*Sophie et Zoé entrent par la gauche en se parlant; à leur vue Paul et Maurice se retirent un peu.*)

zoé, *à Sophie.* J'espère, chère sœur, que tu ne pleureras plus... te voilà libre, heureuse!..

sophie, Mais toi, Zoé, qui ce matin encore me trouvais si à plaindre d'épouser le général...

zoé. C'est que... je ne l'avais pas vu!.. mais, depuis que j'ai causé avec lui, mon opinion a bien changé.

sophie. Ainsi donc, cette union...

zoé. Met le comble à tous mes désirs!

sophie. Eh bien! moi, Zoé, j'en serais morte, vois-tu. (*Zoé lui prend les mains avec tendresse.*) Tandis que maintenant... oh! je puis te le dire... Ce jeune homme dont je t'avais parlé... je l'ai revu... il est ici... avec un de ses amis... cet officier que tu as rencontré chez grand'maman... tiens, regarde, les voilà ensemble. (*Elle montre les deux jeunes gens qui s'approchent. Zoé se détourne pour cacher son trouble, tandis que Sophie salue Maurice en souriant. Entrée du général avec Ursule et les invités.*)

CHOEUR.

Air des *deux Reines.*

Amis, qu'on s'empresse,
Pour le plaisir
Qui vient s'offrir.
Partageons leur ivresse,
Et par notre allégresse
Célébrons en ce jour
Leur bonheur, leur amour.

maurice, *qui a vu le regard de Sophie, à part, avec joie.* Ce regard, ce sourire... oh! elle m'aime toujours!

paul, *a part, avec douleur.* Elle craint de rencontrer mes yeux, la perfide!

sophie, *serrant la main de Zoé.* Oh! que je suis heureuse!

zoé, *à part.* Et moi, que je souffre! (*Musique de contredanse.*)

le général, *se rapprochant.* Mais voici la danse qui nous appelle au salon.

zoé, *s'efforçant de sourire.* Oh! la danse! c'est charmant!

le général. Vous l'aimez?

zoé. A la folie! et vous aussi, général, vous dansez, n'est-ce pas?

le général, *souriant.* Moi? non, très-peu... mais j'ai des aides de camp qui sont de première force. Allons, Messieurs, offrez la main... à vous, mon cher Maurice, comme plus ancien en grade, à vous, d'ouvrir le bal avec ma belle fiancée... Et vous, Paul, à ma belle-sœur.

maurice, *à part.* J'aurais bien mieux aimé... (*Il s'approche de Zoé qu'il invite.*)

paul, *à part.* Oh! je n'y tiens plus! (*Bas, à Sophie.*) Mademoiselle, veuillez rendre à votre sœur... cette croix qu'elle m'avait donnée avant mon départ pour l'Afrique.

sophie, *surprise.* A vous, Monsieur?.. mais elle vous aimait donc?

paul. Je le croyais, du moins... mais maintenant ce gage que j'avais reçu d'elle, je n'ai plus le droit de le garder.

sophie, *reprenant la croix, à part et en regardant Zoé.* Ah! elle me trompait!.. elle se dévouait pour moi! (*La musique reprend plus fort. Maurice se dirige vers le fond avec Zoé que le général montre à Ursule avec un sourire plein de tendresse.*)

FIN DU DEUXIÈME ACTE.

ACTE TROISIÈME.

Un salon chez le général; porte d'entrée au fond, ouvrant sur le jardin, portes latérales; celle de droite, conduisant aux appartements et celle de gauche au cabinet du général; table, fauteuils, etc.

SCÈNE PREMIÈRE.

LE GÉNÉRAL, *seul, fumant et tenant à la main un journal qu'il jette sur la table en se levant.* Ah! je n'ai pas la tête à ce que je lis!.. (*Il fait quelques pas et s'arrête.*) C'est qu'elle est charmante, ma petite future; gaie, vive... sans façon... juste ce qu'il me fallait! Et, ma foi, je suis enchanté de me marier!.. moi qui n'avais pour toute compagnie que mon cigare, ou le Moniteur de l'armée, je vais avoir un intérieur, une famille, une femme!.. mais qui m'aurait dit ça... que pendant que j'étais au fond de la Kabylie... il y avait ici un petit cœur qui s'intéressait à moi... qui m'aimait déjà sans me connaître... Car c'est positif, elle m'aime... je l'ai bien vu à tout ce qu'elle m'a dit hier... à son émotion quand je l'ai présentée à mes amis, à mes aides de camp... (*Réfléchissant.*) Ah! diable!.. mes aides de camp... je les trouve un peu jeunes pour un général marié!.. (*Riant.*) Ah! ah! ah!.. bon, me voilà jaloux maintenant!.. allons donc!.. quelle folie!..

SCÈNE II.

Les mêmes, POUSSEPAIN, *chargé de cartons.*

poussepain, *au fond.* Pardon, excuse, mon général.

le général. Ah! c'est toi, Poussepain... avance à l'ordre...

poussepain. Mon général, v'là des cartons que l'on vient d'apporter pour vous...

le général. Ah! les présents de noce... c'est bien!.. mets tout ça là.

poussepain, *allant poser les cartons sur la table.* Cristi!.. en v'là des bibelots!.. vous avez fait une razzia dans les magasins de Paris...

le général. Eh bien?.. te voilà dégrisé?.. tu dois être satisfait... tu ne diras pas maintenant que j'épouse une femme qui pleure.

poussepain, *d'un air renfrogné.* Non... non... général.

le général, *le regardant.* Qu'y a-t-il encore?

poussepain. Le fait est que celle-là ne pleure pas... elle rit...

le général. Eh bien?

poussepain. Elle rit trop...

le général. Comment, trop?

poussepain. Hum!... Les femmes qui rient tant que ça, c'est fièrement scabreux...

le général, *riant.* Ah! bon!.. en voilà d'un autre!...

poussepain. J'ai connu aut' fois au sixième dragons la femme d'un trompette... C'était aussi une rigoleuse finie... comme vot' future... elle riait le jour de ses noces... et ça n'empêche pas que le mari...

le général. Eh bien, quoi? le mari?...

poussepain. Drinn... Drinn... comme l'autre...

le général. Eh! va te promener avec tes histoires!... quel animal!... il n'y a pas moyen de le contenter!

Air : *Voulant par ses œuvres complètes.*

Si l'on pleure, si l'on soupire,
poussepain.
C'est z'un sujet d'être alarmé.
le général.
Et si l'on rit...
poussepain.
C'est z'encore pire,
Tendron qui rit est désarmé.
le général.
Ainsi donc, d'après ton système,
Qu'on rit ou pleure...
poussepain.
C'est égal;
Et pour les maris, au total,
Cela revient toujours au même.
Oui, pour eux, c'est toujours du même.

le général. En voilà assez!... laisse-moi tranquille.

poussepain. Oui, général. (*Au moment de sortir.*) Mais tenez, v'là les petites chattes qui ont flairé la pâtée...

le général. C'est bien!... laisse-nous!... Ah! le lieutenant Maurice est-il venu ce matin?

poussepain. Oui, général, il est là, dans vot' cabinet... (*Il montre la gauche.*) où c' qu'il achève les rapports que vous lui avez envoyés...

le général. Il suffit, va...

poussepain, *à part.* On ne connaît pas les femmes qui rient!... (*Il sort en saluant militairement les deux jeunes filles qui entrent.*)

SCÈNE III.

LE GÉNÉRAL, ZOÉ, SOPHIE.

zoé, *gaiement, à Sophie.* Tu vois!... on me rend déjà les honneurs!... c'est charmant!... (*Apercevant le général.*) Ah!...

sophie. Le général!... (*Elles font un mouvement pour se retirer.*)

le général. Eh bien! Mesdemoiselles... est-ce que je vous fais peur?

zoé. Peur! Oh! non, général... mais...

le général. Restez donc, je vous prie... vous ne pouviez arriver plus à propos... j'allais envoyer à votre pavillon... mais puisque vous voilà, veuillez jeter un coup d'œil sur ces cartons.

zoé. Ces cartons... (*Elle s'en approche.*)

le général, *à Sophie.* Et vous aussi, ma chère belle-sœur... (*Souriant.*) Je crois que ce titre vous plaira mieux que l'autre, n'est-ce pas?

sophie, *avec embarras.* Monsieur...

le général. Eh bien donc! tout est pour le mieux...

zoé, *qui a ouvert un des cartons.* Oh! que de jolies choses!... mais regarde donc, Sophie...

sophie, *s'approchant.* Oui... oui... en effet...

le général, *à Sophie.* J'espère que Mademoiselle voudra bien accepter aussi un petit souvenir...

sophie. Moi, Monsieur!... vous avez songé?..

zoé. Mais, oui... vois donc! voilà qui est à ton adresse!...

le général, *souriant.* Allons, je vous laisse à vos graves occupations... et je vais expédier un travail que le ministre attend; à bientôt, Mesdemoiselles... à bientôt. (*Il sort par la gauche.*)

SCÈNE IV.

SOPHIE, ZOÉ.

zoé, *affectant une grande gaieté.* Les riches dentelles!... les magnifiques parures!... que je vais être jolie avec tout cela!... Vraiment, ce serait plaisir de se marier, rien que pour recevoir de si beaux présents...

SOPHIE, *qui l'a observée*, *lui prenant la main.*
Ma chère Zoé, te rappelles-tu, hier, lorsque je devais épouser le général et que je te jurais que ce mariage me rendait heureuse... te rappelles-tu que tu semblais douter de mon bonheur?...
ZOÉ. Et j'avais bien raison.
SOPHIE. Moi, aussi, je crois avoir raison en doutant aujourd'hui de la sincérité du tien.
ZOÉ. Que veux-tu dire?
SOPHIE. Zoé, tu m'as trompée.
ZOÉ. Moi?
SOPHIE. Regarde cette croix...
ZOÉ, *se troublant.* O ciel! entre tes mains.
SOPHIE. Oui, M. Paul me l'a remise en me chargeant de te la rendre...
ZOÉ, *avec émotion.* Ah!... il t'a chargée... (*Cherchant à se remettre.*) Oui... en effet... je la lui avais donnée autrefois... ou plutôt il me l'avait prise... un enfantillage... auquel il n'attachait sans doute pas plus d'importance que moi... mais il a très-bien fait, lorsque je me marie, de me renvoyer cet objet.

SOPHIE.
Air du *Baiser au porteur* (Adam).
En me parlant son trouble était extrême.
ZOÉ, *avec un sourire forcé.*
Tu crois cela!..
SOPHIE.
Sa voix, par la douleur,
Était émue...
ZOÉ.
Allons donc!..
SOPHIE.
Et toi-même,
Tu veux en vain me cacher de ton cœur
L'émotion, le trouble...
ZOÉ.
Ah! quelle erreur!
Cette aventure est déjà fort ancienne...
SOPHIE.
Mais ce gage, en me le rendant,
Sa main tremblait...
ZOÉ.
Sa main?..
SOPHIE.
Comme la tienne
Tremble encore en le recevant!
Sa main tremblait, Zoé, comme la tienne
Tremble encore en le recevant!

ZOÉ. Quelle folie!... Je te répète que je ne songe nullement à lui... que je n'y ai même jamais songé...
POUSSEPAIN, *en dehors.* Oui, lieutenant, le général est dans son cabinet.
PAUL, *en dehors.* C'est bien!... merci!
ZOÉ, *à part, très-émue.* C'est lui!...

SCÈNE V.

Les mêmes, PAUL.

PAUL, *entrant et s'arrêtant à la vue des jeunes filles.* Ah! vous ici, Mademoiselle!... J'espère que votre sœur s'est acquittée de la commission dont je l'avais chargée pour vous.
ZOÉ. Oui, Monsieur! vous voyez... (*Elle lui montre la croix.*) Et, je vous remercie de ce procédé...
PAUL. Oh! c'était tout simple, Mademoiselle!... Mais je vous avoue qu'après la réception que vous m'aviez faite hier, à Versailles, je n'aurais jamais cru à un changement si prompt... à tant de perfidie de votre part.
ZOÉ. Monsieur.
PAUL. Du reste, rassurez-vous!... Je ne vous importunerai ni de mes plaintes, ni de ma présence... Je me rendais chez le général pour lui faire part d'une résolution que j'ai prise...
ZOÉ. Une résolution?...
PAUL. Aujourd'hui même, je partirai.
ZOÉ. Soit!
PAUL. Oui, Mademoiselle, je quitterai la France pour toujours!
ZOÉ. Très-bien, Monsieur.
PAUL. Je me ferai tuer!..
ZOÉ, *vivement.* Oh! pour cela, Monsieur!.. (*Se reprenant.*) Enfin, si cela vous plaît, vous êtes libre.
PAUL, *avec dépit.* Je suis touché de tant d'intérêt!..
ZOÉ, *de même.* Comme moi de vos égards... de votre délicatesse.
PAUL, *de même.* Et en quoi y ai-je manqué, je vous prie?
ZOÉ, *avec un dépit croissant.* Me faire des menaces!.. vous croyez m'effrayer peut-être!.. mais non, Monsieur!.. non! vous pouvez bien partir... vous faire tuer même... si bon vous semble... ça m'est bien égal!.. ce n'est pas moi qui vous regretterai... autrefois... j'aurais pu peut-être.. mais à présent... à présent je vous déteste... (*Prête à pleurer.*) je... je... (*A part.*) Ah! sortons... sortons... car j'étouffe...

ENSEMBLE.

Air : *Il faut agir avec prudence* (Pré aux Clercs).

C'est trop d'effort et de contrainte!
Je sens, hélas! venir mes pleurs!
Fuyons, fuyons! cachons ma crainte,
Cachons mon trouble et mes douleurs!

PAUL, *à part.*
C'est trop d'effort et de contrainte!
Je sens la rage au fond du cœur;
Mais point d'éclat et point de plainte,
Cachons mon trouble et ma douleur!

SOPHIE.
C'est trop d'effort et de contrainte!
En vain ses yeux cachent des pleurs,
D'un cœur brisé j'entends la plainte,
Je vois son trouble et ses douleurs!

(*Zoé sort vivement par le fond.*)

SCÈNE VI.

PAUL, SOPHIE, puis **MAURICE.**

SOPHIE, *à part.* Oui!.. oui... je le vois, elle l'aime toujours, et c'est à mon bonheur qu'elle sacrifie le sien.
PAUL. Quelle infamie!.. m'oublier... me traiter ainsi... après ce qu'elle m'avait juré..
SOPHIE, *à part.* Mais après tout, je suis l'aînée... je lui dois protection... et je ne puis pas souffrir que ce soit elle... (*Après un instant.*) Allons, n'hésitons plus, surmontons ma crainte, mon embarras... et pendant que le général est seul... (*Elle se dirige vers la porte de gauche et s'arrête à la vue de Maurice qui sort de chez le général.*) Ciel!..
MAURICE, *à la cantonade.* Oui, général, je vais expédier ces dépêches... (*Entrant, et apercevant Sophie.*) Mademoiselle Sophie!.. C'est la première fois, Mademoiselle, que je me retrouve avec vous... Je puis enfin vous parler de mon bonheur.
PAUL. Son bonheur!
SOPHIE, *troublée.* Monsieur...
MAURICE. Ah! comment vous peindre la joie, l'ivresse que j'ai ressenties en apprenant que vous étiez libre, que vous pouviez m'appartenir un jour...
SOPHIE, *à part.* Mon Dieu!.. s'il savait que cet espoir... un mot du général va peut-être le détruire...
MAURICE. Mais qu'avez-vous donc?.. pourquoi ce silence?.. pourquoi cette froideur que je lis dans vos regards?..
SOPHIE, *très-émue.* Monsieur Maurice, ne me demandez rien... je vous en prie.
MAURICE. Quelle différence avec la joie que vous avez témoignée hier en me revoyant.
SOPHIE. Mais vous vous trompez, Monsieur, rien n'est changé en moi.
MAURICE. Oh! non... non!.. vous le nierez en vain... vous n'êtes plus la même... Oh! mon Dieu!.. me serais-je trompé?.. cet amour que je croyais partagé...
SOPHIE. Monsieur... Monsieur... pardonnez-moi... mais je ne puis... je ne dois pas écouter davantage... (*A part.*) Oh! entrons, entrons bien vite... ou je n'en aurai plus la force. (*Elle se dirige vers la porte.*)
MAURICE. Mademoiselle!.. au nom du ciel... arrêtez!.. veuillez m'apprendre...
SOPHIE. Adieu, Monsieur!.. adieu! (*Elle entre à gauche.*)

SCÈNE VII.

PAUL, MAURICE, puis **POUSSEPAIN.**

MAURICE, *après l'avoir regardée sortir avec surprise.* Un tel accueil! Que signifie?.. Quand son mariage est rompu!.. quand rien ne semblait devoir s'opposer!.. Quel obstacle peut donc exister encore?.. et que va-t-elle faire chez le général?.. (*A Paul.*) Comprends-tu rien à tout cela, toi?
PAUL. Eh! qui peut comprendre quelque chose aux femmes?.. à leurs caprices?... conçois-tu, toi, que sa sœur m'ait accueilli si bien hier, et que tout à coup...
MAURICE. Ah! c'est indigne!
PAUL. C'est affreux!..
MAURICE. Elle que j'aime tant!..
PAUL. Moi, qui faisais de si beaux projets d'avenir!..
POUSSEPAIN, *entrant.* Ah! bon!.. ah! bien!.. en voilà une soignée!
PAUL. Quoi donc?
MAURICE. Qu'y a-t-il?
POUSSEPAIN, *riant.* Ah! ah! ce pauvre général!..
MAURICE. Eh bien! après?..
PAUL. Le général?..
POUSSEPAIN. Le v'là entre deux femmes à présent!
PAUL ET MAURICE. Comment?..
POUSSEPAIN. Oui, là... à l'instant, tout en fumant ma pipe dans le jardin... la fenêtre de son cabinet était entr'ouverte... et je viens d'entendre... Ah! ah! j'en ris encore!..
MAURICE. Mais explique-toi donc!..
POUSSEPAIN. Eh bien, il y a que l'aînée... vous savez, l'aînée des deux nièces... qui avait l'air de faire sa sucrée... qui pleurnichait pour ce mariage...
MAURICE. Ensuite?..
POUSSEPAIN. Volte-face!.. conversion complète!. elle en veut maintenant à toute force.
MAURICE. Que dis-tu?
POUSSEPAIN. Elle réclame ses droits... elle demande la préférence...
MAURICE. Il se pourrait?
POUSSEPAIN. Deux coquettes,... quoi!.. qui se disputent la fortune et les épaulettes du général.
MAURICE, *avec douleur.* Il serait possible!..
POUSSEPAIN. Comment, possible!..
PAUL. Oui... oui, c'est bien ça... il a raison!..

POUSSEPAIN.
Air : Vaudeville de l'Anonyme.

On se l'arrache, on le met à l'enchère,
V'là qu'à la hausse est le grain' d'épinards!
Mais lui, comment va-t-il sortir d'affaire
Et se tirer de tous ces traquenards !
Je ris de l'voir entre deux demoiselles,
Le cœur flottant et les yeux incertains,
Comme un conscrit au milieu d' deux gamelles,
Ou comme un ch'val entre deux picotins.

MAURICE, *à Paul, pendant que Poussepain remonte et prête l'oreille du côté de l'appartement du général.* Eh bien... puisqu'il en est ainsi... je ne serai pas témoin d'une pareille trahison!..
PAUL. Ni moi non plus!..

MAURICE. Je ne resterai pas ici.
PAUL. Ni moi, non plus!
MAURICE. Après ce que nous venons d'apprendre...
PAUL. Après ce que nous venons d'apprendre...
MAURICE. Elles sont indignes d'occuper notre pensée...
PAUL. Oui.
MAURICE. Et je l'oublierai!
PAUL. Moi aussi!
MAURICE. Et je lui dirai...
PAUL. Moi aussi...
POUSSEPAIN. Chut! le v'là...
MAURICE. Le général!
POUSSEPAIN. Avec elle!

SCÈNE VIII.

LES MÊMES, LE GÉNÉRAL, SOPHIE.

(*Le général entre par la gauche en donnant la main à Sophie. Il traverse le théâtre et la conduit jusqu'à la porte du fond sans dire un seul mot, puis s'arrête et la salue.*)
LE GÉNÉRAL. Mademoiselle, priez votre tante de vouloir bien venir me parler. C'est pour l'instant tout ce que je puis vous dire. (*Il s'incline de nouveau, Sophie sort.*)

SCÈNE IX.

LES MÊMES, *moins* SOPHIE.
MAURICE, *à Paul*. Eh bien!.. avançons!..
PAUL. Avançons!
ENSEMBLE. Général.
LE GÉNÉRAL, *brusquement et en marchant à grands pas.* Ah! tout à l'heure, Messieurs, je n'ai pas le temps... attendez!.. (*Les deux jeunes gens se regardent puis remontent au fond en se parlant à voix basse, pendant que le général redescend la scène.*) Sacrebleu! voilà bien un nouvel embarras!.. qui se serait jamais attendu à ça?.. Comment, hier, elle consentait à cette rupture... et aujourd'hui elle se ravise... me parle de sa réputation... du tort que ce mariage rompu pourrait lui faire... C'est incroyable!.. (*A Poussepain qui s'est approché et le regarde d'un air goguenard.*) Qu'est-ce que tu as à me rire au nez, toi?
POUSSEPAIN, *d'un air malin.* Général, rien!.. seulement!, j' voulais vous demander : c'est-y la brune ou la blonde?
LE GÉNÉRAL. Hein? quoi?.. qu'est-ce que tu me chantes?
POUSSEPAIN. Je demande laquelle?
LE GÉNÉRAL. Va-t'en au diable!
POUSSEPAIN. Oui, général... mais, à votre place, je ne serais pas embarrassé, moi.
LE GÉNÉRAL. Et, que ferais-tu, toi, malin?

POUSSEPAIN. Ce que je ferais?..
LE GÉNÉRAL. Oui.
POUSSEPAIN. Parbleu!.. c'est bien aisé.
LE GÉNÉRAL. Enfin?..
POUSSEPAIN. Je ne prendrais ni l'une ni l'autre, vsitt!.. (*Il sort, les deux jeunes gens se tiennent à l'écart comme pour attendre le moment de parler au général.*)

SCÈNE X.

LE GÉNÉRAL, MAURICE, PAUL.

LE GÉNÉRAL, *arpentant le théâtre*. Ni l'une ni l'autre!.. c'est bientôt dit!.. et moi qui faisais de si beaux rêves... me voilà dans une jolie position! (*Après un mouvement.*) Ce n'est pas que je tienne beaucoup à me marier!.. des jeunes filles que j'ai vues hier pour la première fois!.. Mais comment, sans cela, faire accepter mes bienfaits à cette vieille folle qui s'obstine à les refuser?.. Comment tenir ma promesse?.. Comment assurer le sort de ces deux enfants?.. Donner la préférence à l'une... c'est risquer de... moi qui étais venu pour faire leur bonheur... je vais peut-être... je ne peux pourtant pas les épouser toutes deux, quand le diable y serait!.. Et je ne vois pas moyen, sans un mariage, de...(*En ce moment ses yeux s'arrêtent sur Paul et Maurice, il paraît frappé d'une pensée subite.*) Tiens, il me vient une idée!..
MAURICE, *bas, à Paul.* Il nous regarde... on dirait qu'il s'occupe de nous!..
LE GÉNÉRAL, *à haute voix.* Approchez... approchez donc. Messieurs!
PAUL, *à Maurice.* Laisse faire... je vais lui parler. (*Ils s'avancent tous deux.*)
LE GÉNÉRAL, *les regardant fixement.* Voyons, si je vous mariais?
PAUL. Que dit-il!..
MAURICE. Comment? nous, général?
LE GÉNÉRAL, *à lui-même.* Au fait... je leur donne à chacun cinquante mille francs... le sort de cette famille est assuré... et il est impossible qu'on préfère pas à mes moustaches grises... (*Haut.*) Eh bien!.. qu'est-ce que vous dites de ma proposition?..
PAUL, *hésitant.* Mais, général...(*Bas, à Maurice.*) Je comprends! des garçons près de lui... qui va se mettre en ménage, ça l'effraie.
LE GÉNÉRAL. Avez-vous le cœur libre?
PAUL, *bas, à Maurice.* Au fait, nous marier... sous leurs yeux... leur prouver que nous ne songeons plus à elles, ce serait une bonne vengeance!..
LE GÉNÉRAL. Vous ne répondez pas?
PAUL. Si fait, général.
LE GÉNÉRAL. Eh bien?
PAUL. Nous sommes parfaitement libres... nous n'aimons personne, n'est-ce pas, Maurice?..

MAURICE. Oh! personne!

LE GÉNÉRAL. Alors, si je vous présentais des partis convenables, vous les accepteriez de ma main?

PAUL. A l'instant, général!

LE GÉNÉRAL. C'est bien! je retiens votre parole.

URSULE, *paraissant au fond à la cantonade.* Attendez-moi dans le jardin, Mesdemoiselles, et ne vous éloignez pas!

LE GÉNÉRAL. Allez, Messieurs, passez dans mon cabinet, dans un instant j'aurai besoin de vous.

MAURICE. Il suffit, général!..

LE GÉNÉRAL, *à part.* Allons, voilà l'aile droite emportée à la baïonnette et si l'aile gauche ne fait pas trop de résistance...

ENSEMBLE.

Air : *Final de Fra Diavolo.*

MAURICE ET PAUL, *à part, en sortant.*
L'oublier!.. j'aurai ce courage!
Comme elles changeons en ces lieux!
Vengeons-nous par ce mariage,
Qu'il s'accomplisse et sous leurs yeux!

LE GÉNÉRAL, *à part.*
Oui, c'est le seul moyen, je gage,
Il n'en est pas d'autre à mes yeux,
Et par ce double mariage
Tout finirait on ne peut mieux.

URSULE, *à part, en entrant.*
Ici, sans tarder davantage,
Il faut qu'il s'explique à mes yeux.
S'il rompt encor ce mariage,
A l'instant je quitte ces lieux!

(*Paul et Maurice entrent chez le général. Ursule s'avance.*)

SCÈNE XI.
LE GÉNÉRAL, URSULE.

URSULE. Que vient de me dire Sophie, général?.. qu'elle revenait sur sa résolution?.. que vous aviez à me parler relativement à ce mariage?

LE GÉNÉRAL. Oui, Mademoiselle... oui... votre nièce vient de me donner des raisons qui... d'un autre côté, je vous avouerai qu'hier mademoiselle Zoé... certainement, elle est charmante... sa sœur... est très-bien aussi... mais enfin des rivalités... des jalousies... tout cela est très-ennuyeux, très-embarrassant... et, ma foi, tenez, pour en finir, pour tout concilier...

URSULE. Eh bien?

LE GÉNÉRAL. Mademoiselle, j'ai l'honneur de vous demander la main de vos deux nièces.

URSULE, *choquée.* Qu'est-ce à dire, général?.. la main de mes deux nièces!

LE GÉNÉRAL. Eh! pardieu! ce n'est pas pour moi.

URSULE. Et pour qui donc?..

LE GÉNÉRAL. Pour deux jolis garçons... deux braves officiers... vingt-quatre ans, cinquante mille francs chacun, et le grade de capitaine que je me charge de leur faire avoir comme présent de noces. — Voyons, ça vous va-t-il? est-ce convenu?

URSULE. En vérité, général, je ne comprends rien à une pareille conduite... à de semblables hésitations... on ne ballotte pas ainsi des personnes de notre qualité.

LE GÉNÉRAL, *à part.* Allons, bien!.. La voilà partie... (*Haut, en se contenant.*) Voyons, Mademoiselle, il ne s'agit pas de tout cela... et les maris que je vous propose pour ces demoiselles...

URSULE. Encore, Monsieur, faudrait-il les connaître?

LE GÉNÉRAL. Vous les connaissez... ce sont mes aides de camp, MM. de Vermont et d'Esgrigny.

URSULE. Des jeunes gens nobles...

LE GÉNÉRAL. Ça doit vous flatter... avec vos idées... Eh bien, quelle est votre réponse?..

URSULE. Ma réponse!.. ma réponse!.. vous avez des façons d'agir... si vous croyez qu'on se décide aussi facilement... moi, Monsieur, moi qui vous parle, je ne me suis jamais mariée, parce qu'on me pressait trop.

LE GÉNÉRAL, *piétinant avec impatience.* Ainsi, vous refuseriez votre consentement?..

URSULE. C'est-à-dire... je l'accorderais peut-être...

LE GÉNÉRAL. Allons donc!..

URSULE. Mais à une condition.

LE GÉNÉRAL. Laquelle?

URSULE. C'est qu'il sera ratifié, ici même, à l'instant, par mes deux nièces... et que le nom des La Morlière ne sera pas plus longtemps exposé à des tergiversations... déplorables.

LE GÉNÉRAL. C'est dit!

URSULE. Justement j'aperçois mes nièces, approchez, Mesdemoiselles!..

LE GÉNÉRAL, *allant ouvrir la porte de son cabinet.* Venez, Messieurs.

SCÈNE XII.

LES MÊMES, ZOÉ, SOPHIE, MAURICE, PAUL.

SOPHIE. Nous voici, ma tante!

MAURICE, *entrant avec Paul.* Vous nous avez appelés, général?

LE GÉNÉRAL. Oui, tout est convenu, arrangé... et voici vos femmes. (*Montrant Sophie et Zoé qui entrent.*) Mesdemoiselles Sophie et Zoé de La Morlière...

PAUL ET MAURICE. Elles!

SOPHIE, *à part.* Qu'entends-je!..

ZOÉ, *à part.* Que dit-il!..

URSULE. A moins pourtant que mes nièces...

LE GÉNÉRAL. N'hésitent à prendre pour maris de braves garçons, dont je réponds, que je dote?..

ce n'est pas possible!.. (*Aux jeunes filles.*) Vous acceptez, n'est-il pas vrai?..

SOPHIE ET ZOÉ. Monsieur...

MAURICE, *avec fermeté.* Pardon, général... mais nous, nous refusons!..

ZOÉ ET SOPHIE, *à part.* O ciel!

LE GÉNÉRAL. Comment!.. un refus!..

URSULE. C'en est trop!

ENSEMBLE.

Air de *Taconnet.*

URSULE.
Quel affront effroyable
Pour nous, pour notre nom!
D'une insulte semblable,
Ah! j'obtiendrai raison.

LE GÉNÉRAL.
Quel refus incroyable!
Perdent-ils la raison?..
Ah! je les donne au diable,
Et toute la maison!..

PAUL ET MAURICE, *à part.*
Oui, soyons intraitables!
Après leur trahison,
Non, non, pour les coupables,
Ici, point de pardon!

ZOÉ ET SOPHIE, *à part.*
Ah! la douleur m'accable!
Hélas! de trahison,
Son cœur me croit coupable!
J'en perdrai la raison!

URSULE. Une pareille insulte! ah! j'étouffe! je suffoque!

LE GÉNÉRAL, *avec colère.* Expliquez-vous, Messieurs!.. quel est le motif de votre résistance?..

PAUL. Général...

LE GÉNÉRAL. Parlez!.. je l'exige!..

MAURICE, *bas, au général.* Eh bien! général, c'est que nous ne pouvons accepter des femmes qui se sont disputé votre main... et que vous n'avez pas jugées dignes de vous...

LE GÉNÉRAL. Messieurs!..

URSULE, *très-agitée.* Je ne suis venue chercher ici que des humiliations!.. mais je n'y resterai pas une minute de plus...

LE GÉNÉRAL. Permettez...

URSULE. Je cours faire mes préparatifs de départ.

LE GÉNÉRAL. Mademoiselle!..

URSULE. Demander une voiture pour retourner à Paris.

LE GÉNÉRAL. Veuillez au moins m'écouter...

URSULE. Voilà ce que c'est que de se commettre avec des gens qui ne savent pas vivre...

LE GÉNÉRAL. Ah! mais, un instant!

URSULE. Avec des parvenus!..

LE GÉNÉRAL. Eh! sacrebleu!.. allez au diable!..

URSULE. Ah! quel ton!.. quel ton!.. Venez, Mesdemoiselles, suivez-moi!..

PAUL. Quant à nous, général, nous vous prions d'accepter cette démission.

LE GÉNÉRAL, *avec colère.* Bien! il ne manquait plus que cela!..

REPRISE DE L'ENSEMBLE.

LE GÉNÉRAL.
C'est vraiment incroyable, etc.

URSULE.
Quel affront effroyable, etc.

PAUL ET MAURICE.
Oui, soyons intraitables! etc.

ZOÉ ET SOPHIE.
Ah! la douleur m'accable!.. etc.

(*Paul et Maurice sortent par la gauche, Ursule sort par le fond. Zoé et Sophie vont pour la suivre, mais s'arrêtent au fond.*)

SCÈNE XIII.

LE GÉNÉRAL, SOPHIE, ZOÉ.

LE GÉNÉRAL, *seul sur le devant, très-animé.* Leur démission!... quand je voulais faire leur bonheur!... quelle ingratitude!

SOPHIE, *s'approchant avec Zoé.* Oh! ne les accusez pas, général... et s'il est ici des coupables...

ZOÉ. C'est nous.

LE GÉNÉRAL, *se calmant un peu.* Vous, Mesdemoiselles!... vous, qu'ils ont refusées de la manière la plus indigne!...

SOPHIE. Ils devaient le faire, général.

LE GÉNÉRAL, *surpris.* Comment?

SOPHIE. Ah! c'est qu'ils ignoraient...

ZOÉ. Ils ne pouvaient deviner...

LE GÉNÉRAL. Quoi donc?...

SOPHIE. Enfin, ils se croyaient oubliés...

ZOÉ. Trahis par nous...

LE GÉNÉRAL. Ah çà, mais vous les connaissiez donc?... Il y avait donc entre vous quelqu'engagement?... quelque promesse antérieure?...

SOPHIE. Ah! pardon de l'avoir caché, général!... Depuis longtemps, Zoé aime M. Paul...

ZOÉ. Comme elle, M. Maurice.

LE GÉNÉRAL. En vérité?... Mais alors pourquoi chacune de vous vouloit-elle m'épouser?...

SOPHIE. Je voyais dans ce mariage un moyen d'assurer à ma tante, ma seconde mère, un sort plus tranquille.

ZOÉ. C'est pour elle que Sophie se dévouait...

SOPHIE. Et ma sœur voulait à son tour se dévouer pour moi...

LE GÉNÉRAL, *à part, attendri.* Pauvres filles!... je comprends!...

SOPHIE.

Air de *Madelon* (Bazin).

Oui, je vous trompais, et je m'en accuse;
Mais la voir souffrir était mon tourment.

ZOÉ.
Mon amour pour elle inspira ma ruse ;
Je la supplantais... par attachement.

LES DEUX JEUNES FILLES ENSEMBLE.
Que votre indulgence ici me pardonne
Les torts qu'envers vous j'avais aujourd'hui ;
Car en vous donnant mes jours, ma personne,
Je gardais un cœur qui n'était qu'à lui...
Mon cœur était à lui !..

(*Depuis quelques instants la porte de gauche s'est entr'ouverte ; sur la dernière reprise de l'ensemble, Paul et Maurice ont paru.*)

MAURICE. Qu'ai-je entendu !... Et nous les accusions !...

PAUL. Nous les refusions !...

TOUS DEUX, *tombant aux pieds de Zoé et de Sophie.* Ah! pardon !... pardon !...

LE GÉNÉRAL. Eh bien, sacrebleu !... à la bonne heure !...

SCÈNE XIV.
LES MÊMES, URSULE, *puis* POUSSEPAIN.

URSULE. Allons, Mesdemoiselles, la voiture nous attend... partons !... que signifie ?...

LE GÉNÉRAL. Ça signifie qu'on s'est expliqué... que ces messieurs ont reconnu leurs torts, que vos nièces sont des anges... et qu'enfin elles restent...

POUSSEPAIN, *qui vient d'entrer avec un sac de voyage, un carton qu'il laisse tomber.* Hein ?... ah! bon !... bien !...

URSULE. Comment !... elles restent !... et pourquoi ?...

LE GÉNÉRAL. Eh! parbleu, pour épouser messieurs Paul et Maurice qu'elles aiment depuis longtemps.

URSULE. Est-il possible ?...

POUSSEPAIN. Ah! bah !... C'est eux qui ?... Eh! bien, et vous, général ?

LE GÉNÉRAL. Moi, je reste garçon !

POUSSEPAIN. Bravo !... je vous félicite !... Deux mariages manqués ! c'est la plus belle de vos conquêtes !...

LA GÉNÉRAL, *lui frappant sur l'épaule.* Sais-tu ce que ça prouve, mon vieux ?...

POUSSEPAIN, *cherchant.* Dame !.. général, je ne sais pas trop... ça prouve...

LE GÉNÉRAL. Qu'il est bon qu'un général ait des aides de camp.

CHŒUR FINAL.

Air : *Final du deuxième acte des Femmes du monde.*

Enfin, ils vont s'unir !
Ce double mariage
Aujourd'hui nous présage
Le plus doux avenir.

FIN.

LAGNY. — Typographie de VIALAT et Cie.

EN VENTE CHEZ LE MÊME ÉDITEUR :

- L'Aïeule. 75
- Un Monstre de Femme. 60
- La Jeunesse de Charles-Quint. 60
- Le Vicomte de Létorières. 60
- Les Fées de Paris. 60
- Pour mon fils. 60
- Lucienne. 60
- Les jolies Filles de Stilberg. 60
- L'Enfant de Chœur. 60
- Le Grand Palatin. 60
- La Tente mal gardée. 60
- Les Circonstances atténuantes. 60
- La Chasse aux Vautours. 60
- Les Batignolaises. 60
- Une Femme sous les Scellés. 60
- Les Aides de Camp. 60
- Le Mari à l'essai. 60
- Chez un Garçon. 60
- Jokey-Club. 60
- Mérovée. 60
- Les deux Couronnes. 60
- Au Troisième d'Argent. 60
- Le Château de la Roche-Noire. 60
- Mon illustre ami. 60
- Toïma en congé. 60
- L'Omelette Fantastique. 60
- La Dragonne. 60
- La Sœur de la Reine. 60
- La Vendetta. 60
- Le Poète. 60
- Les Informations Conjugales. 60
- Le Loup dans la Bergerie. 60
- L'Hôtel de Rambouillet. 60
- Les deux Impératrices. 60
- La Caisse d'Épargne. 60
- Thomas le Rageur. 60
- Derrière l'Alcôve. 60
- La Villa Duflot. 60
- République. 60
- La Femme à la Mode. 60
- Les égarements d'une Canne et d'un Parapluie. 60
- Les deux Ânes. 60
- Foliquet, coiffeur de Dames. 60
- L'Amour d'Argent. 60
- Recette contre l'Eau bonpoint. 60
- Don Pascale. 60
- Mademoiselle Déjeant au Sérail. 60
- Torbulla le Cruel. 60
- Hermance. 60
- Les Canuts. 60
- Entre Ciel et Terre. 60
- La Fille de Figaro. 60
- Métier et Quenouille. 60
- Angélique et Médor. 60
- Lolea. 60
- Jocrisse en Famille. 60
- L'autre Part du Diable. 60
- La Chasse aux Belles Filles. 60
- La Salle d'Armes. 60
- Une Femme compromise. 60
- Patineau. 60
- Madame Roland. 60
- L'Esclave du Camoëns. 60
- Les Réparations. 60
- Usage du Grain de Paris. 60
- Veille du Mariage. 60
- Paris bloqué. 60
- Un Ménage Parisien. 1
- La Carbonnière. 60
- Adrien. 60
- Pierre le Millionnaire. 60
- Carle et Carlin. 60
- Le Moyen le plus sûr. 60
- Le Papillon Jaune et Bleu. 60
- La Polka en province. 60
- Une Séparation. 60
- Le roi Dagobert. 60
- Prêtu Gaillard. 60
- Nicaise à Paris. 60
- Le Troubadour-Gandinet. 60
- Un Apôtre. 60
- Le Billet de faire part. 60
- Pulcinella. 60
- Floria. 60
- La Sainte-Cécile. 60
- Follette. 60
- Deux Filles à Marier. 60
- Monseigneur. 60
- A la Belle Étoile. 60

- Un Ange tutélaire. 60
- Un Jour de Liberté. 60
- Wallace. 60
- L'Écolier d'Oxford. 60
- L'Oiseau du Bocage. 60
- Paris à tous les Diables. 60
- Une Avarée. 60
- Madame de Cérigny. 60
- Le Fiacré et le Parapluie. 60
- Mortio en action. 60
- Liberté Libertas. 60
- Mimi Pinson. 60
- L'Article 170. 60
- Les Viveurs. 60
- Les deux Pierrots. 60
- Seigneur des Broussailles. 60
- Deux Tambours. 60
- Contient la Girouette. 60
- L'Amour dans tous les Quartiers de Paris. 60
- Madame Dugolin. 60
- Petit Poucet. 60
- Canoéas. 60
- Escadron volant de la Reine. 60
- Le Lansquenet. 60
- Une Voix. 60
- Agnès Bernal. 60
- La Déesse. 60
- Amours de M. et Mme Denis. 60
- Porthos. 60
- La Pêche aux Beaux-Pères. 60
- Révolte des Marionnettes. 60
- Le Troisième Mari. 60
- Un premier Souper de Louis XV. 60
- L'Homme à la Mode. 60
- Une Confidence. 60
- Le Ménétrier. 60
- L'Almanach des 25,000 Adresses. 60
- Une Histoire de Voleurs. 60
- Les Murs ont des Oreilles. 60
- L'Enseignement Mutuel. 60
- La Charbonnière. 60
- Le Code des Femmes. 60
- On demande des Professeurs. 60
- Le Pot aux Roses. 60
- La Grande Bourse et les Petites Bourses. 60
- L'Enfant de la Maison. 60
- Riche d'Amour. 60
- La Comtesse de Horange. 60
- L'Assassin. 60
- La Gloire et le Joi-au-Feu. 60
- Les Pommes de terre malades. 60
- Le Marchand de Marrons. 60
- Vés ce qui vient d'paraître. 60
- La Loi salique. 60
- Nuage au Ciel. 60
- L'Eau et le Feu. 60
- Stangaillard. 60
- Mardi Gras. 60
- Le Retour du Conscrit. 60
- Le Mari perdu. 60
- Dieux de l'Olympe à Paris. 60
- Le Carillon de Saint-Blancs. 60
- Geneviève. 60
- Mademoiselle ma Femme. 60
- Mal du Pays. 60
- Mort civilement. 60
- Garde-Malade. 60
- Fruit défendu. 60
- Un Cœur de Grand'Mère. 60
- Nouvelle Clarisse Harlowe. 60
- Place Vendôme. 60
- Nicolas Poplet. 60
- Roch et Luc. 60
- La Protégée sans le savoir. 60
- Une Fille Terrible. 60
- La Planète à Paris. 60
- L'Homme qui se cherche. 60
- Maître Jean. 60
- Ne touchez pas à la Reine. 60
- Une année à Paris. 60
- Irène ou le Magnétisme. 60
- Amour et Giberon. 60
- En Carnaval. 60
- Bal et Batringues. 60
- Un Bouillon d'onze heures. 60
- Le Jour de Biberack. 60
- D'Aranas. 60
- Femme qui se jette par la fenêtre. 60

- Avocat Pédicure. 60
- Trois Paysans. 60
- Chasse aux Jobards. 60
- Mademoiselle Grabulot. 60
- Père d'occasion. 60
- Croquignole. 60
- Henriette de Chariol. 60
- Le Chevalier de Saint-Rémy. 60
- Malheureux comme un Nègre. 60
- Un Vœu de jeune Fille. 60
- Secours contre l'Incendie. 60
- Chapeau Gris. 60
- L'Île du prince Toutou. 60
- Sans Dot. 60
- La Syrène du Luxembourg. 60
- Homme Sanguin. 60
- La Fille obéissante. 60
- Taulaie. 60
- Deux Loups de Mer. 60
- Olga. 60
- La Croisée de Berthe. 60
- La Filleule à Nicot. 60
- Les Charpentiers. 60
- Mademoiselle l'aubole. 60
- Un Cheveu blond. 60
- Les impressions de Ménage. 60
- L'Homme aux 160. Millions. 60
- Pierret Posthume. 60
- Une Existence décolorée. 60
- Elle... un Mort? 60
- Didier l'honnête Homme. 60
- L'Enfant de quelqu'un. 60
- Les Chroniques brûlones. 60
- Haydée ou le Secret. 60
- L'Art de ne pas donner d'Étrennes. 60
- Le Puff. 1
- Les Tireurs de Cartes. 60
- La Nuit de Noël. 60
- Christophe le Cordier. 60
- La Rose de Provins. 60
- Les Barricades de 1848. 60
- 84 France ! ou sinon. 60
- La Fille du Matelot. 60
- Les deux Pommades. 60
- La Femme bisade. 60
- Les Filles de la Liberté. 60
- Hercule Bonhomme. 60
- Don Quichotte. 60
- L'Académicien de Pontoise. 60
- Ah ! Enfin ! 60
- La Marquise d'Aubrey. 60
- Le Gentilhomme campagnard. 60
- Les Peureux. 60
- Le Chevalier de Beaucaire. 60
- Le Gentilhomme de 1847. 60
- La Rue Quincampoix. 60
- L'Ange de ma Tante. 60
- La République de Platon. 60
- Le Club des Maris. 60
- Oscar XXVIII. 60
- Une Chose Anglaise. 60
- Un Petit de Mobile. 60
- Histoire de rire. 60
- Les vingt sous du Périphète. 60
- Le Serpent du Paroisse. 60
- À cœur le Dangereux. 60
- Roger Bontemps. 60
- L'Étude de Saint-Martin. 60
- Jeanne la Folle. 60
- Les suites d'un Feu d'Artifice. 60
- O Amitié ! vous les trois Époux. 60
- La Propriété, c'est le Vol. 60
- La Poule aux Œufs d'Or. 60
- Skovés ensemble. 60
- L'Hôtellerie de Genève. 60
- À bas la Famille ou les Banquets. 60
- Daniel. 1
- Le Voyage de Nanette. 60
- Titine à la Cour. 60
- Le baron de Castel-Sarrasin. 60
- Madame Marnette. 60
- Du Gruelle aux Épinards. 60
- Madame veuve Leribe. 60
- La Reine d'Yvetot. 60
- Les Manchettes d'un Vilain. 60
- Le Duel eux Mauviettes. 60
- Les Filles du Docteur. 60
- Un Turc prit dans une porte. 60
- Les Grenouilles qui demandent un Roi. 60

- Ce qui manque aux Grisettes. 60
- La Poésie des Amours et... 60
- Les Viveurs de la Maison-d'Or. 60
- Un Troupier dans les Confitures. 60
- Ma Tabatière. 60
- Gracioso. 60
- H. 60
- Trompe-la-Balle. 60
- Un Vendredi. 60
- Le Gibier du Roi. 60
- Broca-Street. 60
- Adrienne Lecouvreur. 1
- Sans le Vouloir. 60
- Les Femmes socialistes. 60
- Le Mobilier de Bamboche. 60
- Les Beautés de la Cour. 60
- La Famille. 60
- L'Hurluberlu. 60
- Un Cheval pour deux têtes. 60
- L'Âne à Baptiste. 60
- Les Prodigalités de Bernerette. 60
- Les Bourgeois des Métiers. 60
- La Graine de Mousquetaires. 60
- Les Faubourgs de Paris. 60
- La Montagne qui accouche. 60
- Le Juif-Errant. 60
- Adrienne de Croiteville. 60
- Un Localiste en Province. 60
- Le Marin de la Garde. 60
- Une Femme qui a une jambe de bois. 60
- Mauricette. 60
- Une Semaine à Londres. 60
- Le Cauchemar de son propriétaire. 60
- Le Marquis de Carabas. 60
- La Ligue des Amants. 60
- Passe-temps de Duchesse. 60
- Les Croisades de Saint-Cloud. 60
- Lorettes et Aristos. 60
- Les Compatriotes. 60
- Un Tigre du Bengale. 60
- Le Congrès de la Paix. 60
- Les Représentants en vacances. 60
- Les Grands Écoliers en vacances. 60
- Un Intérieur comme il y en a tant. 60
- Le Moulin Joli. 60
- La Rue de l'Homme-Armé. 60
- La Fée aux Roses. 1
- Babel. 60
- La Lièvre en sevrage. 60
- Boyens. 60
- Trumeau. 60
- Mademoiselle Carillon. 60
- L'Héritier du Czar. 60
- Rhum. 60
- Les Associés. 60
- Les Prédaines de Trousserd. 60
- Les Partageux. 60
- Daphnis et Chloé. 60
- Malbranchu. 60
- La fin d'une République. 60
- La Croix de Saint-Jacques. 60
- Petit-sans-impôts. 60
- Un Quinze-Vingt. 60
- Les Gardes françaises. 60
- Les Vignes du Seigneur. 60
- Paris des Servantes. 60
- Un ami qu'on trouve, un ami qu'on retrouve. 60
- La République des Lettres. 60
- Figaro en prison. 60
- La Dame de Trèfle. 60
- Les Secrets du Diable. 60
- Deux vieux Papillons. 60
- La Mariée de Poissy. 60
- L'Homme aux Sourds. 60
- Ba ser du Piétier. 60
- Planète et Satellites. 60
- Héloïse et Abeilard. 60
- Une Veuve inconsolable. 60
- A la Bastille. 60
- Jean Bart. 60
- Les Pupilles de dame Charlotte. 60
- Jour de Charité. 60
- Un Fantôme. 60
- Les Nains du Roi. 60

SUITE DU CATALOGUE.

Les trois Racan.	60	Les Néréides et les Cyclopes.	60
Les Sociétés secrètes.	60	Poste restante.	60
Le Chevalier de Servigny.	60	Le Portier de sa Maison.	60
C'en était un.	60	Les Compagnons d'Ulysse.	60
Les trois Dondon.	60	Le Roi des Drôles.	60
Giralda.	1 »	La Mère Moreau.	60
La première chanson de Gallet.	60	La Queue du Diable.	60
Méphistophélès.	60	Le Bal de la Halle.	60
L'Alchimiste.	60	Méridien.	60
Le père Nourricier.	60	La première Maîtresse.	60
Grassot embêté par Ravel.	60	La Jolie Meunière.	60
La Société du Doigt dans l'Œil.	60	La tante Ursule.	60
L'Hôtesse de Saint-Eloy.	60	Mademoiselle de Navailles.	60
La Fille bien gardée.	60	Prunes et Chinois.	60
Le Jour et la Nuit.	60	Histoire d'une Femme mariée.	60
Plaisir et Charité.	60	Les Mystères d'Udolphe.	1 »
Marié au second Garçon au cinquième.	60	Une Poule Mouillée.	60
Un Bal en robe de chambre	60	Sullivan.	1 »
Né Coiffé.	60	Taconnet.	60
Le Ménage de Rigolette.	60	Alice ou l'Ange du Foyer.	60
Le Pont Cassé	60	Marco Spada.	1 »
Un Valet sans-Livrée.	60	Tabarin.	60
Le Paysan.	60	Les Abeilles et les Violettes.	60
Charles le Téméraire.	60	Le Lutin de la Vallée.	60
L'Anneau de Salomon.	60	Le Baromètre des Amours.	60
Supplice de Tantale.	60	Habitez donc votre immeuble!	60
Les Infidélités Conjugales.	60	Le Miroir.	60
Les Petits Moyens.	60	Richelieu.	1 »
Les Escargots sympathiques.	60	On dira des bêtises.	60
La Grenouille du Régiment	60	Le Carnaval des Maris.	60
Les Tentations d'Antoinette.	60	Un Festival.	60
La baronne Bergamotte.	60	Une jolie Jambe.	60
Les Extases de M. Hochenez.	60	Le Voyage d'une Épingle.	60
Le Journal pour rire.	60	Les Amours du Diable.	60
Le Renard et les Raisins.	30	Les Postillons de Crèvecœur.	60
La Belle au Bois dormant.	60	Les Orientales.	60
La Course aux Pommes d'Or.	60	L'amour, qué qu' c'est que ça?	60
Christian et Marguerite.	60	La Vie à bon marché.	60
L'Avocat Loubet.	60	La Lettre au bon Dieu.	60
Royal-Tambour.	60	L'ombre d'Argentine.	60
Mam'zelle fait ses dents.	60	Faute de mieux.	60
Le vol à la Ronlade.	60	Cadet-Roussel, Dumollet, Gribouille et Cie.	60
La Fée Cocotte.	60	Fraîchement décorée.	60
Mon ami Babolin.	60	Sir John Esbrouff.	60
Le Palais de Cristal.	60		
Passiflor et Cactus.	60		
Le Duel au Baiser.	60		
Les Trois Ages des Variétés.	60		
English Exhibition.	60		
Blondette.	60		
Histoire d'une Rose et d'un Croquemort.	60		
L'Agent secret.	60		
Drion-Brion.	60		
Une Paire de Fères.	60		
Les Giboulées.	60		
Un Monsieur qui n'a pas d'habit.	60		
Mignon.	60		
La Chasse aux Grisettes.	60		
Voilà plaisir, Mesdames!	60		
La Vénus à la Fraise.	60		
Les deux Prud'hommes.	60		
M. Barbe-Bleue.	60		
Une Queue Rouge.	60		
Le Pour et le Contre.	60		
Le Puits mitoyen.	60		
Trois Amours de Pompiers.	60		
Les Bloomeristes ou la réforme des Jupons.	60		
Le Laquais d'un nègre.	60		
Les Danseres espagnoles.	60		
Madame Schlick.	60		
Le Prince Ajax.	60		
Les Enfants de la Balle.	60		
L'Ami de la maison.	60		
La Marquise de La Bretêche.	60		
Une Veuve de 15 ans.	60		
Une passion à la Vanille.	60		
Un service à Blanchard.	60		
L'Original et la Copie.	60		
Une rivière dans le dos.	60		
Cinq Gaillards dont deux Gaillardes.	60		
Un Frère terrible.	60		
Une Vengeance.	60		
Une petite Fille de la Grande Armée.	60		
La Fille d'Hoffmann.	60		
Un soufflet n'est jamais perdu.	60		
Les Femmes de Gavarni.	1 »		
La Maîtresse d'été et la Maîtresse d'hiver.	60		
Les Echelons du mari.	60		

LAGNY. — Imprimerie de VIALAT et Cie.

www.ingramcontent.com/pod-product-compliance
Lightning Source LLC
Chambersburg PA
CBHW050037230526
45470CB00003B/1319